RALPH JORDAN

Das Gesetz von Ursache und Wirkung

reihe: lebendige wahrheit

ISBN 3-927622-17-6

LOTOS VERLAG Inh. S. Höhler
Am Weyrerkreuz 7, 65606 Villmar 1

Aus dem Amerikanischen übersetzt: Dagmar Raimondo
Umschlagentwurf: S. Höhler
Erstauflage: März 1993

klein-druck, steeden

ISBN 3-927622-17-6

Dr. Ralph Jordan, geboren in Chicago, absolvierte er das Studium der Theologie, Philosophie, ist ordinierter Geistlicher, studierte bei Arthur Ford, dem ersten Medium, das sich wissenschaftlichen Studien zur Verfügung stellte und fand den Weg zur Verbindung westlicher und östlicher, klassischer und mystischer Philosophie.
Er verbindet das Wissen Echnatons mit dem Verstehen der Gesetze des Moses, dem Gehorsam Buddhas und der Liebe des Christus.
Dr. Ralph Jordan ist Schüler Paramahansa Yoganandas und Eingeweihter des Kriya Yoga. Er lehrt die universalen Gesetze und Weisheiten der Religionen, Metaphysik, holistische Heilweisen, sowie Arbeitsmethoden, deren Anwendung Türen zu inneren Wahrnehmung und zum Verstehen öffen. Er zeigt, wie Wunschträme der Phantasie und Kreativität durch Mut Realität werden.
Seit mehr als fünfunddreißig Jahren ist er weltweit gesuchter medialer Berater, Lehrer, Redner. Er ist hellsichtig, hellhörig und einer der wenigen Menschen in der heutigen Zeit, duch die Apportationen und Materialisationen geschen. Er begründete und unterstützt mehrere Heime in den USA für die er Drogenentzugsprogramme erarbeitete, die von der amerikanischen Regierung übernommen wurden und gefördert werden.
Jetzt wohnhaft in Hawaii, reist er durch Amerika, Europa und den Orient, um mit seinen Schulungen den suchendne Menschen zu helfen, größere Möglichkeiten der Selbstrealisation zu finden.

Sein Wunsch und Glaube ist die Einheit aller Religionen.

Dank allen Schülern,
die mitgeholfen haben,
daß dieses Buch
veröffentlicht
werden konnte.

Ralph Jordan

Einleitung

Das GESETZ VON URSACHE UND WIRKUNG ist eines der Naturgesetze, mit denen wir täglich, von Moment zu Moment, umgehen. Es zu verstehen ist die Grundlage, auf der wir Wohlstand und spirituelle Entwicklung aufbauen können.
Der folgende Text ist, wie die Texte aller Bücher aus der Serie "Lebendige Wahrheit", das Transkript eines von Reverend Dr. Ralph D. Jordan gehaltenen Intensiv-Seminars.

Diese Lehren sollen dazu dienen, dem Suchenden auf dem Pfad der Evolution die Wirksamkeit des Gesetzes von Ursache und Wirkung näherzubringen. Dieses Buch ist keine esoterische Abhandlung, sondern eine praktische Anleitung, in der Rev. Dr. Ralph D. Jordan die Fragen seiner Schüler beantwortet und ihnen damit die Möglichkeit bietet zu lernen, in Harmonie und Ausgeglichenheit mit diesem Gesetz zu leben.

Wir wünschen Ihnen viel Freude beim Lesen. Möge es eine wertvolle Begleitung auf Ihrem Weg zur Selbstverwirklichung sein.

Gott segne Sie!

Das Gesetz von Ursache und Wirkung

Alle Erfahrungen, die wir im Leben machen, stammen ab von dem grundlegenden Konzept "Ursache und Wirkung". Für alles, was ihr in der verdichteten Form seht, gibt es eine zugrundeliegende Ursach; warum ihr es seht, fühlt und erfahrt. Der einzige Weg, wie ihr beginnen könnt, die unerfreulichen und unerwünschten Erfahrungen in eurem Leben zu ändern und zu verändern, ist, indem ihr das Gesetz von Ursache und Wirkung versteht. Das ist die Grundlage, auf der ihr Wohlstand aufbauen könnt. Es ist die Grundlage, auf der ihr eure eigene spirituelle Entwicklung aufbauen könnt. Es ist die Grundlage, auf der ihr beginnen könnt, euer Selbst-Verstehen und Selbst-Bewußtsein zu reflektieren, und es ist die Grundlage, auf der ihr für eure eigene spezifische Entwicklung die Energien nutzen könnt, die immer in der Atmosphäre vorhanden sind. Armut ist ein Bewußtseinszustand. Es ist ein Bewußtseinszustand, der durch die falsche Benutzung des Gesetzes von Ursache und Wirkung erschaffen wurde. Unwissenheit ist ebenfalls ein Bewußtseinszustand, der aufgrund der falsch funktionierenden Benutzung von "Ursache und Wirkung" vorherrschend ist. Psychosen aller Arten und Grade sind die Auswirkungen von Ursachen. Diejenigen von euch, die sich zu Lehrern und Medien ausbilden, müssen diese wunderbare Einfachheit von "Ursache und Wirkung" verstehen.

S.: Ist eine Psychose die Auswirkung einer Ursache aus einem vergangenen Leben?

L.: Es kann in der Tat so sein. Nun, laßt mich euch mein persönliches Konzept über vergangene Leben und Reinkarnation geben. Ich persönlich glaube vollständig an vergangene Leben und Reinkarnation. Ich glaube, daß wir, während wir durch die atmosphärischen Bedingungen herabsteigen, die verschiedenen Identitäten, Gewahrseine (Bewußtseine) und Konzepte annehmen, die wir dann in diesem Leben durcharbeiten müssen. Aber ihr, als Lehrer, könnt Reinkarnation und vergangene Leben nur als These lehren. Ihr könnt nicht versuchen zu beeinflussen, was nur durch praktische Erfahrung erlangt werden kann und das ist: der Beweis, daß Reinkarnation existiert und die Erfahrung mit Reinkarnation. Ich habe meine Erfahrungen, und ich persönlich glaube vollständig daran. Wenn ihr beginnt, die Theorie der Reinkarnation als Mittel zu benutzen, um zu klären was Menschen in verdichteter Form erfahren, werdet ihr feststellen, daß ihr ihnen damit eine Entschuldigung (Ausrede) gebt, nichts gegen ihre Situation zu tun. So fahren viele Menschen tatsächlich fort, in ihrem Lebensausdruck die gleichen Probleme wieder und wieder und wieder zu kreieren, weil sie "Ursache und Wirkung" nicht verstehen wollen. Meine Antwort auf die Frage ist: "Ja".

S.: Wie machst du eine Person mit der These der Reinkarnation bekannt?

L.: Ich habe mich 25 Jahre abgemüht zu lernen, wie ich in dem Versuch, ein Bewußtsein über eine bestehende Ursache herbeizuführen, die eine Wirkung hervorbringt, die These der Reinkarnation in einer Beratung (oder in

einer anderen Arbeit) einführe. Ich habe nie die absolut ausgeglichene Art und Weise gefunden, das zu tun. Die Menschen erwarten von mir sowieso theoretische Konzepte. Sie hören sich infolgedessen das Konzept nur als ein theoretisches Konzept an, gehen nach Hause und tun die Dinge ohnehin auf ihre eigene Art und Weise. Aber ich versuche immer, die Situation zu erfühlen und dann führe ich sie vielleicht auf einen Energieeinfluß zurück, der um sie herum vorherrschend ist. Oftmals geben sie diesem Energieeinfluß ihre eigene Bezeichnung.
Außer wenn ihr Genealogie benutzt, glaube ich nicht, daß es eine ausgeglichene Art und Weise gibt, dieses Potential einzuführen. Ich habe Genealogie ziemlich oft gebraucht. Ihr könnt die Genealogie als Einstieg in das Gesetz von "Ursache und Wirkung" benutzen, weil die Wissenschaft und Medizin dieses Konzept unterstützen. Also könnt ihr es verwenden und von da aus weitergehen. Aber in dem Moment, in dem ihr ihnen sagt oder versucht, sie darüber zu informieren, daß sie die Tendenz aus einem Leben mitgebracht haben, in dem sie Soldat in Rom waren und alle umgebracht haben, habt ihr ein Problem, und zwar ein großes.

S.: Kannst du mir ein Beispiel dafür geben, wie du die Genealogie benutzt?

L.: Ich kann sagen: "Du regierst deine kreativen Fähigkeiten durch die Begrenzungen, die du durch Erbe und Genealogie auf dich genommen hast." Nun, wenn wir über Erbe sprechen, sprechen wir natürlich über das gesamte religiöse und philosophische Konzept von Verhaltensmustern, die Menschen aufgrund von Erwartungen annehmen, nicht wahr? Und wir sprechen über die Bezeichnungen, die sie sich selbst geben: "Ich bin katholisch, ich bin evangelisch, ich bin Jude, ich bin dies, ich bin das." Du kannst das Konzept der Reinkarnation berühren, indem du auf diese spezielle Aussage hinweist, und dann gehst du weiter und sagst: "Du mußt nur die Eigenschaften deiner Eltern anschauen und kannst dann durch Genealogie sehen, wodurch du persönlich beeinflußt bist. Das muß nicht bedeuten, daß du dadurch kontrolliert bist; es bedeutet, daß du davon beeinflußt bist. Und du hast die Wahl, dieses Muster zu durchbrechen". Das sind die einzigen Methoden, die ich jemals zu benutzen in der Lage war.

Nun, laßt mich noch folgendes sagen. Es wurden so viele Informationen über "Silva-Gedankenkontrolle", Gedankenprojektion und über das Verständnis unserer Formulierungen aufgeschrieben. Wir können das alles natürlich nehmen und es als psychosomatische Wirkung aufschlüsseln; und wir können erkennen, daß eine psychosomatische Wirkung genauso gültig ist, wie eine organische Wirkung. Es ist nur eine Sache der Wahl, ob ihr euch - psychosomatisch - reich nennt, euch als reich seht und euch wie reiche Menschen benehmt, oder ob ihr euch als arm und begrenzt anseht und euch wie arme und begrenzte Menschen benehmt. Beides hat den gleichen Stellenwert. Es ist einfach die eine oder die andere Seite einer Münze. In dem Moment, in dem wir eine sichtbare Wirkung im Körper, im Lebensstil oder in einer Verstehensweise sehen, können wir erkennen, daß es eine zugrundeliegende Ursache dafür gibt, die bis jetzt noch nicht bestimmt, akzeptiert und diszipliniert worden ist. Aber um das tun zu können, müßt ihr "leider" beginnen, eure Leben viel kritischer anzusehen. Ihr müßt mehr oder weniger aus euren Leben "heraustreten" und versuchen, die Haltung einer "dritten Person" einzunehmen, und ihr müßt es sehen, wie es ist. Dann, vom "Sehen wie es ist", beginnt ihr zu entscheiden, was ihr an euren Leben ändern wollt, denn ihr seid definitiv fähig, alles zu ändern.

S.: Ich kenne eine Frau, die Ärger mit sich herumträgt, gereizt ist und sich unnötig aufregt. Ein Teil von mir denkt, daß ihr ihr Ärger gefällt. Der Ärger gibt ihr zu diesem Zeitpunkt einen Grund, zu sein. Stimmt das?

L.: Nein, der Ärger gibt ihr eine Ausrede. Wenn der Ärger ihr keine Ausrede geben würde, müßte sie anschauen, was sonst noch in ihrem Leben vor sich geht; und wenn sie anschauen müßte, was sonst noch in ihrem Leben vor sich geht, müßte sie entscheiden, ob sie das in ihrem Leben haben will, oder ob sie die Wahl treffen will, etwas dagegen zu tun. Wiederum Ursache und Wirkung! Seht, Kinder, ihr müßt das anschauen. Ihr könnt in eurer spirituellen Entwicklung und im Ausdruck aller eurer Qualitäten, die immer sichtbar und um euch herum sind, alle Arten von Abschreckungen manifestieren. Damit verstärkt ihr aber eine spezielle Wirkung, weil die euch davon ablenkt und abbringt, den Rest des Puzzles eures Lebens anzusehen, das ihr erschaffen habt. Wenn ihr es einmal angeschaut habt, müßt ihr etwas dagegen tun oder einfach sagen: "Mir gefällt es so, ich gebe dem nach, und ich habe keine Absicht, es zu ändern." Dann könnt ihr fortfahren, für euren Mangel an Projektion, Ausrichtung und Fähigkeit, Ausreden zu finden. Ich stelle fest, wenn Menschen fortwährend dieselbe Wirkung immer wieder neu erschaffen, sind sie glücklich damit und weil sie glücklich damit sind, funktioniert es als eine Ablenkung für sie und hält sie davon ab, den Rest ihrer kreativen Prozesse anzuschauen und zu bestimmen, wie sie diese regieren wollen. Das gleiche gilt für Armut. Armut ist, wie ich schon gesagt habe, ein Bewußtseinszustand. Sie ist der Zustand einer sichtbaren, erschaffenen und proklamierten Projektion. Wenn ihr sagt: "Ich kann mir nicht leisten...", "ich habe nicht...", schickt ihr tatsächlich die Fortdauer eurer eigenen Armut in die Äther, denn wenn ihr Erfolg hättet, müßtet ihr vielleicht die anderen Aspekte eures Lebens anschauen. Aber die meisten von euch erschaffen eine vorherrschende Wirkung - entweder Paranoia oder irgendeine andere Psychose - die euch dann veranlaßt, eure gesamte Aufmerksamkeit auf die Wirkung zu zentrieren, anstatt die Ursache zu verstehen. Das Verstehen der Ursache würde die Wirkung abklären und euch dazu bringen, den Rest eurer kreativen Fähigkeiten, und die Art, wie ihr diese in euren Leben benutzen wollt, anzusehen.

S.: Können wir versuchen, ihnen die Wirkung wegzunehmen?

L.: Ihr versucht niemals, irgendetwas jemandem wegzunehmen. Ihr versucht, ihnen die Informationen zu geben, die es ihnen ermöglichen, zu wählen, die Wirkung zur Seite zu legen. Wenn ich mit Schülern arbeite, versuche ich vielleicht, alle ihre Ausreden wegzunehmen, die sie daran hindern, sich klarer und bündiger auszudrücken. Aber es ist immer ihre Wahl, ob sie benutzen, was ich ihnen bereitstelle, oder ob sie fortfahren, sich in ihren Wirkungen zu aalen und sich an diesen Wirkungen zu erfreuen, die natürlich aufgrund einer unentdeckten und unerkannten Ursache erschaffen wurden. Ich habe oft gesagt, daß wir - also diejenigen, die Medien sind - in Wirklichkeit unterbezahlte Psychiater sind, und zwar insofern, als wir, wenn Menschen zu uns kommen, meistens in nur einer halben Stunde des Suchens, zur Ursache vordringen, statt lange Sitzungen abzuhalten, die dann letztendlich zu der Ursache hinführen. Wir sind in der Tat Berater und keine Wahrsager. So, ihr versucht immer, ihnen die Ursache zu enthüllen - aber sie haben immer die Wahl, nicht wahr? Wenn ich mit Psychiatern zusammengearbeitet habe, war es immer deswegen, damit sie das, was ich sah, fühlte und hörte, als Grundlage für ihre Beratungen nehmen und bis zu einem bestimmten Grad verstehen konnten, wie es augenblicklich getan werden konnte, anstatt in einem langegzogenen Prozeß.

S.: Wenn ich weiß, daß, Anerkennung von anderen zu erwarten eine meiner Fallgruben ist, und weiß, daß das eine Wirkung ist, wie kann ich damit arbeiten, um zu der zugrundeliegenden Ursache zu kommen?

L.: Wenn Ursache und Wirkung wirklich eure gesamte strukturelle Kreativität beeinflußt, versuche ich normalerweise, euch zu instruieren, folgendes zu tun: Ich bitte euch, in eure Schlafzimmer zu gehen oder wo immer ihr einen langen Spiegel finden könnt, und alle eure Kleider auszuziehen. Ich bitte euch, zuerst mit der physischen Struktur umzugehen, mit der ihr euch umgebt. Ich bitte euch, eine Auflistung zu machen, was euch daran gefällt, und was euch daran nicht gefällt. Dann bitte ich euch, in eure Wohnungen (Häuser) zu gehen und eine Auflistung zu machen, was euch in euren Wohnungen (Häusern) gefällt und was euch nicht gefällt. Wir gehen mit Strukturen der physischen Ebene um, und unsere Körper sind Strukturen der physischen Ebene. Ich bitte euch, alle Strukturen der physischen Ebene, von denen ihr umgeben seid, anzuschauen und auszuwerten. Macht eine Liste, die aufzeigt, was euch gefällt und was euch nicht gefällt, eine Liste von dem Positiven und Negativen. Nun, mit all den Neuerungen, die wir in der heutigen Gesellschaft haben, könnt ihr mit der Struktur der physischen Ebene alles tun, was ihr tun wollt. Ihr könnt sie neu anstreichen, ihr könnt sie ordnen, und ihr könnt euch in die Dinge erstrecken, die in das grundlegende intellektuelle oder physische Konzept passen, das ihr zu dem Zeitpunkt habt.

Als nächstes gehen wir in den emotionalen Bereich. Ich bitte euch, euch zu fragen, ob ihr mit dem zufrieden seid, was ihr angezogen habt; ob ihr mit dem äußeren Ausdruck der emotionalen Befriedigung zufrieden seid. Wenn ihr damit nicht zufrieden seid, solltet ihr es auf die "negative" Seite eurer Liste schreiben. Ihr solltet alles Positive und alles Negative aufschreiben. Das wird euch letztendlich zeigen, wo ihr die Kontrolle

verloren habt - nicht über andere Menschen, sondern über euch selbst - und wie ihr, die Ursache überdenkend und die Wirkung vervielfältigend - indem ihr die Einflüsse von anderen Menschen absorbiert - in die Situation hineingekommen seid.
Dann bitte ich euch, euch mit beiden - den positiven und negativen Handlungen - oder, wenn euch letzteres lieber ist - Bewußtseinen, eures spirituellen Selbst bekanntzumachen. Ich bitte euch, euch mit beiden, den positiven und den negativen Wirkungen eures intellektuellen Selbst bekannt oder vertraut zu machen. Wenn ihr diesem Verfahren ehrlich und genau folgt, werdet ihr euch die Ursache enthüllen, die in der Wirkung, die ihr fortwährend ausübt, sehr verdunkelt war. Wenn ein Individuum sich selbst nicht anerkennt, kann die Wirkung als finanzielle Unsicherheit, emotionale Unsicherheit oder spirituelle Unsicherheit in Erscheinung treten; aber der Mensch kann das erkennen und beginnen, es zu disziplinieren. Nun, es ist für uns alle einfach, eine physische Struktur anzuschauen und sie auszuwerten; ohne sie zu beurteilen, sie einfach nur auszuwerten oder abzuschätzen und zu sagen: "Ich wiege zuviel, meine Nase ist zu lang, meine Ohren sind zu groß, mein Mund ist zu breit, usw." Seht ihr, was ich sage? Wenn ihr einmal das Positive und Negative aufgeschrieben habt, müßt ihr entscheiden, was ihr gegen das Negative tun wollt, und das ist es, was die meisten Menschen nicht tun wollen. Sie fahren fort, ihre Hand auszustrecken und nach all denen zu suchen, die ihnen beweisen sollen, daß sie mit den bereits vorausgesetzten negativen Dingen in Ordnung sind. Das ist ein Trug-

schluß, denn was sie erfahren werden, ist Ablehnung; weil sie durch ihre Denkmuster bereits Ablehnung in die Äther geschickt haben. "Bin ich -zu klein?", "Bin ich -zu dünn?", "Bin ich -zu groß?", "Bin ich -zu dick?" Alle diese Dinge sind leicht zu bestimmen. Deshalb habe ich vorgeschlagen, daß ihr euch auch eure Wohnungen (Häuser) anseht. Sind sie unordentlich, sind sie unkoordiniert? Gefällt euch, womit ihr euch umgebt? Wenn es euch nicht gefällt, ist es offensichtlich die Reflektion einer Ursache, die die Wirkung in euren Leben - wie ihr sie kreiert habt - hervorbringt. Ich denke, das ist einfach. Ich denke, das ist einfach zu verstehen, denn ihr müßt letztendlich zur Ursache vordringen, die die Wirkung manifestiert und beginnen, sie zu disziplinieren und Selbstrealisation zu erlangen. Ihr könnt euch nicht die ganze Zeit wie ein Kind hinsetzen und: "Wolf!" rufen. Es gibt eine interessante Kindergeschichte über einen Jungen, der die ganze Zeit "Wolf!" rief; und er rief so oft: "Wolf!", daß die Eltern anfingen, es zu ignorieren - und plötzlich erschuf er durch sein Rufen die Erfahrung. Ein Wolf kam und fraß ihn auf; und keiner hörte ihn oder achtete auf sein Rufen. Ursache und Wirkung!

Ich werde euch jetzt genau die Disziplinen nennen, die ihr benutzen könnt. Die erste Handlung ist ehrliche Auswertung (Abschätzung), nicht nur des Selbst, sondern jeder bestehenden Erschaffung, die ihr für euch selbst manifestiert habt. Ich habe schon die Gesetze der Manifestation, die diesen Prozeß regieren, für euch durchgegeben. So, da ihr diese Gesetze kennt, könnt ihr euch selbst auf ehrliche Weise - mental, emotional und physisch - auswerten (abschätzen). Dann geht ihr weiter und fragt euch, was ihr dagegen tun wollt - das ist Punkt zwei. Was wollt ihr nun mit dieser Auswertung (Abschätzung) tun? Ihr werdet überrascht sein, welche Antworten ihr darauf habt. Wißt ihr, so viele von euch erfreuen sich an ihrer Armut. Es ist immer erschreckend für mich, zu sehen, daß euch eure Armut so gut gefällt, weil sie euch etwas zu tun gibt. Sie gibt euch wirklich etwas zu tun. Habt ihr jemals Halt gemacht und darüber nachgedacht, wieviel Zeit ihr damit verbringt, über eure Miseren zu sprechen? Ich warte seit Jahren darauf, einem Gespräch zuzuhören, wo nicht jemand zu irgendeinem Zeitpunkt das Gespräch in einen Ausdruck seiner Misere lenkt. Ich denke fortwährend an diese wunderbare Welt da draußen und alle ihre Freuden..., aber denkt darüber nach, wieviel Zeit ihr damit verbringt, über eure "Ich habe nichts" nachzudenken; und ihr stärkt niemals eure "Ich habe es." Euer dritter Schritt ist natürlich Selbstvestehen und -erkenntnis. Nun, das umfaßt sehr viel, denn zusammen mit Erkenntnis muß Akzeptanz kommen. Wenn ihr einmal etwas als eine Aktion oder einen Faktor akzeptiert, dann habt ihr die Wahl, etwas dagegen zu tun, nicht wahr? Wenn ihr einmal erkennt, welchen Dingen ihr erlaubt habt, euer Leben zu regieren, und wenn ihr nicht so sehr in eure eigenen Selbstzerstörungen versunken seid, könnt ihr tatsächlich beginnen die Werkzeuge zu benutzen, die euch helfen werden, Dinge zu ändern wie z.B. Armut, die ich hier als psychosomatische Plage bezeichnet habe. Ihr könnt psychosomatisch entwerder Krankheit, Zerstörung,

Tumult und Verwirrung für euch selbst erschaffen; oder ihr könnt wählen, Fülle, Fähigkeit, Können und Bewußtsein für euch selbst zu erschaffen. Das ist eure Wahl! Das ist die einzige Art, wie ich fähig war, irgendetwas zu erreichen - und die Art ist Hineingehen und es tun. Wenn ich etwas von meinem Ziel abgekommen war, habe ich meine Situation neu ausgewertet (abgeschätzt) und erkannt, wo ich einer unerkannten Ursache erlaubt hatte, eine bestehende Wirkung hervorzubringen; und dann habe ich etwas dagegen getan. Die meisten von euch flüchten oder geben jemand anderem die Schuld. Ihr beschuldigt eure Gesellschaft, eure Arbeitssituation, ihr beschuldigt euer Eheleben, eure elterlichen Einflüsse, und ihr beschuldigt euer Erbe oder euren Volkstumhintergrund. Das ist falsch und unzulänglich. Es sind eure Ausreden, die ihr fortfahrt zu benutzen; und diese Ausreden hindern euch daran, eure wahre Identität auszudrücken.

S.: Nehmen wir an wir wollen wirklich die unerkannte Ursache und die Wirkung erkennen, die unsere Situation beherrscht, und ein klares Bild bekommen. Wie können wir mit der Begrenzung "Angst" arbeiten, wenn sie von einer Ebene kommt, wo wir nicht erkennen, daß sie uns beherrscht?

L.: Ihr arbeitet damit, indem ihr erstens euer "Ego" diszipliniert, zweitens euren Intellekt erweitert, drittens aussprecht, daß ihr alles seid, und viertens bereit seid, euch den Dingen zuzuwenden, zu denen ihr karmisch und dharmisch hingezogen seid, statt nach "Anhaltemöglichkeiten" zu suchen. Ich hätte das Wort "Auffangnetz" benutzen können, aber ich habe "Anhaltemöglichkeiten" gewählt, weil ihr, wenn ihr eine Rast macht, tatsächlich die Essenz eures eigenen Seins ausscheidet und wegwerft. (*Anmerkung des Übersetzers: "Anhaltemöglichkeit" und "Rast machen" bezieht sich darauf, auf einer Reise kurze Pausen einzulegen, um auf die Toilette zu gehen.)

S.: Welche Art von Zuwendung kann ich meiner Arbeit geben, von der ich nicht fühle, daß sie meine Lebensaufgabe ist?

L.: Das ist einfach. Es ist eine Wirkung, die durch dein eigenes Bewußtsein erschaffen wurde, und die einzige Art, vollständig davon befreit zu werden, ist, Gott in die Arbeit hineinzubringen. Wenn du einmal deine Verantwortung dafür erkennst, kannst du anfangen, es zu korrigieren. Wann immer du eine Wirkung in deinem Leben auswertest (abschätzt) und versuchst, zur Ursache vorzudringen, wirst du folgendes feststellen: je mehr du die Wirkung bekämpfst, um so mehr projizierst du deinen Kampf gegen die Wirkung in die Äther und in die Atmosphäre und um so mehr Stärke und Bedeutung gibst du der Wirkung, um so mehr verzerrt sie dein Erfassen und Verstehen der Ursache. Soll ich diese These stärken? Psychiater und Ärzte verordnen Chemikalien für jede visuell erkannte Neurose, die im Leben von Personen vorherrschend und wirksam wird, um die Wahrnehmung der Wirkung zu verringern; dies beginnt die Neurose in einen Zustand zu bringen, wo sie keine so große Wirksamkeit hat, so daß die Linderung der Wirkung diese Personen veranlassen kann, zur Ursache vorzudringen, die die Wirkung in die Existenz gebracht hat. So kann ich diese Theorie stützen.

S.: Nehmen wir Aspirin, um Kopfschmerzen zu lindern, aus dem selben Grund?

L.: Sicher. Wenn ihr Kopfschmerzen habt, könnt ihr die Kopfschmerzen nie verändern, bis ihr versteht, warum ihr sie überhaupt habt. Ihr versteht es nicht, solange ihr gegen die Schmerzen kämpft. Wenn ihr einmal die Schmerzen akzeptiert und zur Ursache kommt, könnt ihr durch Disziplin und Ausrichtung die Ursache ändern, die die Wirkung im Leben hervorgebracht hat.

S.: Was ist, wenn jemand nicht akzeptieren kann?

L.: Es ist nicht so, daß sie nicht können, sie sind unwillig zu akzeptieren. Warum bleiben einige Menschen ihr ganzes Leben lang Studenten und nutzen nie die Informationen, die ihnen gegeben wurden? Es ist grundlegend deshalb, weil eine zugrundeliegende Ursache vorhanden ist, die sie zu Tode erschreckt - und diese Ursache ist, daß sie vielleicht Verantwortung für sich übernehmen müssen.

S.: Wie arbeitest du mit einer Person, die eine Psychose hat, in diesem Fall einem Mann?

L.: Zuerst einmal versuche ich, die Ursache zu verstehen, die zu der Wirkung einer Psychose führte. Ich würde der Prämisse folgen, die ich euch gerade gelehrt habe. Ich lasse ihn folgendes auswerten (abschätzen): seine physische Form, seine Situation als Mann, sein Leben zu Hause, sein Zuhause im allgemeinen und sein Konzept über sich selbst als eine Identität. Ihr werdet durch die zwei Werte, das Positive und das Negative, ein größeres Bewußtsein darüber bekommen, wo er die Wirkung erschafft, die Tumult in sein Leben bringt. Dann könnt ihr all die vielschichtigen Neurosen durchsortieren, die letztendlich die Psychose kreieren. Das kann ein langwieriger Prozeß sein, aber wenn ihr sensitiv seid, wenn ihr fühlt, und wenn ihr mit der inneren Gefühlsreaktion arbeitet, werdet ihr sofort Bescheid wissen. Ihr werdet sofort Bescheid wissen, wenn ihr Glauben (in abstrakter und konkreter Form) in eure Sensitivität setzt, wenn ihr mit euren eigenen Ursachen umgegangen seid - die als Wirkungen Unglauben an eure eigenen Fähigkeiten hervorgebracht haben - und die meisten von euch arbeiten daran. Fast jeder versucht, sich zu beweisen. Einige von euch wählen die Wirkung "Geld", einige von euch wählen die Wirkung "Struktur der physischen Ebene", einige von euch wählen die Wirkung "emotionale Befriedigung", einige von euch wählen die Wirkung "Sexualität" - und gleichgültig, wie gut ihr es habt, es ist niemals gut genug, denn ihr fahrt fort, das Bedürfnis neu zu kreieren, hinauszugehen und die Erfahrung zu suchen. Und die Erfahrung führt nur dazu, daß ihr versucht, Anerkennung zu bekommen oder euch zu beweisen. Deshalb mangelt es euch in euren Leben an dem Wort "Treue", es mangelt euch an dem Wort "Zuwendung", und es mangelt euch an dem Wort "Disziplin", denn ihr versucht fortwährend, euch zu beweisen; und ihr schaut auf äußere Reaktionen, die in Wirk-

lichkeit gar nichts beweisen. Das enthüllt euch nur eure eigene Neurose oder Psychose, wenn ihr das Gesetz von Ursache und Wirkung versteht.
Es wird immer einige Menschen geben, die für immer Alkoholiker bleiben werden, es wird immer einige Menschen geben, die wählen werden, ihr ganzes Leben lang Armut zu erfahren. Einige Menschen werden niemals eine glückliche Verbindung erschaffen, denn wenn sie eine glückliche Verbindung wollten, müßten sie sich selbst anschauen und über ihre akzeptierten Psychosen, die die Neurosen hervorbringen, hinausgehen und etwas dagegen tun. In Religion und Philosophie wenden wir disziplinarische Maßnahmen an, ähnlich den Psychiatern, die Chemikalien benutzen, und wir lassen die Schüler damit beginnen, sich zu disziplinieren, gehorsam zu sein. Durch die eigentliche Handlung des Gehorchens beginnen sie, die Wirkung zu lindern, die durch die Ursache hervorgebracht wurde, und wenn sie ihr Leben durchsortieren, beginnen sie, klarer zu sehen, was sie tatsächlich in ihrem Leben wollen - im Gegensatz zu dem, was sie durch Eskapismus (Wirklichkeitsflucht) erschaffen.
Die erste Disziplin ist Gehorsam, die zweite Disziplin ist Zuwendung, und wir wissen, daß sie sich letztendlich ihrem Selbst zuwenden. Sie wenden sich nicht einer religiösen Gruppe zu, sie wenden sich dem Ausdruck ihres Selbst zu, welches bis jetzt noch nicht sichtbar geworden ist. Sie unternehmen diese äußeren Anstrengungen, um sich vollständig zuzuwenden. Infolgedessen beginnen sie tatsächlich, sich durch alle ihre Wirkungen zu arbeiten - um zu der Ursache vorzudringen, die sie an diesen

physischen, mentalen und emotionalen Ausdruck gebunden hält. Sie fragen sich: "Was hoffe ich zu gewinnen"? Das beginnt, eine Erkenntnis herbeizuführen. Nachdem wir mit Zuwendung umgegangen sind, geben wir ihnen oft Disziplinen, wie z.B. Diäten - und durch das Einhalten der Diät fangen sie an, die Ursache zu entdecken, die die verzerrte Wirkung hervorbrachte; und dann muß ihnen die Wahl gegeben werden. Sie können wahlen, sich weiterhin unter der vielschichtigen Neurose abzumühen, oder sie können zu ihrer Psychose oder ihrem Problem vordringen. Es ist ihre Wahl.

Wir werden durch den Zweck und die Disziplin der Menschheit, ihre eigene Göttlichkeit und ihre Fähigkeit zu verstehen, Monumente bauen - und die Menschen, die wir anziehen, werden uns die verschiedenen Stufen dieses Bewußtseins und dieser Entwicklung zeigen. Aber es liegt an uns zu spiegeln; es liegt an uns zu versuchen zu vervielfältigen, was uns gezeigt wird. In der Psychiatrie nennen wir das "Übertragung". Nun, ich hasse es, das Wort "krank" zu benutzen, aber zum Zweck der Beschreibung werde ich es tun. Die "kranke" Person, die durch die bestehende Ursache manipuliert ist, beginnt tatsächlich, den Psychiater als ihren Retter, ihren Gott, ihren Liebhaber, ihr Licht, ihr ganzes Sein anzusehen, und sie wendet Glauben (in abstrakter Form), Gehorsam, Hingabe und Disziplin an, um Anerkennung von ihrem "Gott" zu bekommen.

Alles, was ihr tut - wie ich es tue, und wie die Religion es durch die Jahrhunderte hindurch getan hat - ist, die physische strukturelle Tätigkeit auszudrücken, die dem Selbst

das Selbst enthüllt; denn dann müssen sie jede Fehlfunktion ihres Gehorsams gegenüber dem Entwicklungsplan anschauen.
Wenn sie das einmal erkennen, beginnen sie zu sehen, daß ihnen die ganze Welt offensteht, und sie können daraus machen, was immer sie wollen. Nun, da wir in unserer Philosophie im Gesetz von Ursache und Wirkung etwas weiter gehen, unterhalten wir die Konzepte von Reinkarnation und Karma/Dharma und versuchen, dem suchenden Verstand zu erhellen, wie er beginnen kann, an seinen vielen Neurosen oder Wirkungen zu arbeiten. Sie fangen an sie zu disziplinieren und machen sie in ihren Leben unwirksam. Ich sagte nicht, daß sie nicht mehr existieren, ich sagte, sie sind unwirksam in ihrem kreativen Lebensausdruck. Euer Problem ist, daß ihr, wenn ihr eine Wirkung oder Neurose seht, sie aus euren Leben verschwinden lassen wollt, anstatt zu verstehen, daß sie Teil und Teilchen eures Wesens auf der physischen Ebene ist; und zu erkennen, daß ihr die Macht habt, sie unwirksam zu machen. Wenn sie einmal unwirksam ist, könnt ihr beginnen, Meister und Kapitän eures eigenen Schiffes zu werden. Aber bis sie wirkungslos geworden ist, wird sie wiederkommen und kann euch jeden Moment beißen. Ihr müßt sie unwirksam machen, indem ihr die Ursache versteht.
Wenn ihr mit Eifersucht umgeht, wenn ihr mit Mangel umgeht, wenn ihr mit Armut umgeht, gibt es eine Ursache dafür. Wenn ihr mit der Unwilligkeit umgeht, aus den karmischen Konzepten und Identitäten herauszukommen, die ihr geformt habt, ist das so, weil ihr Angst habt, unsicher seid und euch nicht darüber im klaren seid, was euch zur Entdeckung eurer

wahren Identität erwecken wird.
Ihr seid die "Pfadfinder", weil ihr den Weg zu euch selbst findet.
Ihr findet durch das ausgereifte Konzept von Ursache und Wirkung den Weg zu eurem inneren Bewußtsein und euren kreativen Fähigkeiten. Wenn ihr aber fortwährend äußeren Umständen Macht gebt, dann fahrt ihr fort, in euren destruktiven Erschaffungen zu schwingen. Denkt darüber nach! Ich habe keine Absicht, die Macht an irgendetwas abzugeben, aber wenn ich eine Erfahrung mache, gehe ich definitiv zum Gesetz von Ursache und Wirkung zurücK. Ich entscheide, ob die Erfahrung konstruktiv oder destruktiv in meinem Leben ist, und ob ich sie haben will. Wenn ich sie will, kann ich mir nachgeben. Wenn ich mir nachgebe, sollte ich wissen, warum ich es tue, jedenfalls dann, wenn ich Meister und Kapitän über mein Leben sein möchte.
Ich habe euch gebeten, Biographien oder Autobiographien von Menschen zu lesen, die gewählt haben, sich durch einen symbolischen Teil auszudrücken in ihrem Leben. Ich habe euch gebeten, die Beschreibung der einfachen Praktiken zu lesen, in die sie sich hineinbegeben haben, um die Vollendung dieser symbolischen Aktion in ihrem Leben zu erschaffen. Aber ihr habt sie nicht gelesen, weil euch eure Unwissenheit gefällt. Das ist keine negative Aussage oder "Aktivierung" euch gegenüber, das ist eine Tatsache. Ich habe euch gebeten, Bücher der Inspiration zum Zweck der Stimulation zu lesen, damit ihr diese Kette von Wirkungen brechen könnt. Das ist einem Beruhigungsmittel ähnlich. Es beginnt tatsächlich, die kreisläufige Ausstrahlung eures Gehirns zu verlangsamen und bringt

euch in einen anderen Zustand, damit ihr beginnen könnt - als dritte Person, ohne Beurteilung - die vielen Psychosen zu sehen, die durch eine Neurose oder durch die vielen Wirkungen, Zerstörungen und Unzulänglichkeiten, die ihr in euren Leben projiziert, beeinflußt sind. Da wir mit unseren drei Körpern umgehen, müssen wir ehrlich und nach besten Kräften auswerten (abschätzen). Ihr könnt nur auswerten (abschätzen), ob euer Haus schmutzig und unordentlich ist, wenn ihr bereit seid, es anzuschauen. Fragt euch, was ihr wirklich in euren Leben wollt. Wenn ihr Schmutz und Unordnung nicht wollt, müßt ihr entscheiden, etwas dagegen zu tun. Nun, einige von euch würden sofort aus ihren Häusern ausziehen und in mein Haus einziehen, weil mein Haus immer sauber und ordentlich ist. Einige von euch stellen vielleicht fest, daß Armut eure größte Psychose und Neurose oder einfach eine Wirkung ist und ihr gebt euch darin nach, weil es euch etwas gibt, worüber ihr viel reden könnt, und weil es euch soviel Ablenkung bringt. Aber wenn ihr irgendeine der Biographien oder Autobiographien lesen würdet, die ich euch gebeten habe zu lesen, würdet ihr herausfinden, wie ihr das Konzept des positiven Denkens und der positiven Affirmationen nutzen könnt - was nichts anderes als psychosomatische Wirkungen sind. Ärzte werden euch sagen, daß eine psychosomatische Wirkung genauso schmerzhaft ist wie eine organische Wirkung, aber vom Organischen her fehlt euch nichts. Vom Organischen her seid ihr die Ausdehnung, der Atem und der Funke des Göttlichen Bewußtseins, den wir, aus Mangel an einem besseren Wort, Gott nennen. Das ist eure organische Substanz. Nun, jede Heilung wird von diesem einfachen Konzept "Ursache und Wirkung" hergeleitet. Wir wissen, daß die Wirkung in den drei Körpern, mit denen wir arbeiten, sichtbar sein kann, und das sind der mentale, emotionale und physische Körper. Dort finden wir die Wirkung: Die Ursache ist durch eure fehlfunktionierende Klarheit darüber beherrscht, wie ihr diese drei Körper funktionieren seht, sowie durch eure Freude an deren Fehlfunktion, weil euch das erlaubt, euch mit eurer eigenen Fehlfunktion abzumühen.

S.: Aber wir sind uns nicht immer einer Fehlfunktion bewußt...?

L.: Es gibt nicht einen von euch, der sich nicht einer Fehlfunktion im einen oder anderen Teil seines kreativen Lebens bewußt ist. Deshalb seid ihr hier. Deshalb sucht ihr, und deshalb versucht ihr zu wachsen. Ihr müht euch mit dieser Fehlfunktion ab, weil es einfach ist, sich mit und in ihr abzumühen, und weil es euch in euren kreativen Prozessen ablenkt; ihr seid glücklich damit. Wenn ihr vorbereitet seid, sie zu verstehen und abzulegen, dann könnt ihr den nächsten Schritt in eurer Evolution machen. Deshalb sagen so viele Philosophen und Theologen: "Lass Krieg und Zerstörung kommen, und die Menschen füllen die Kirchen jeden Sonntag. Laß einen Menschen eine Krankheit bekommen und er sucht nach einem Arzt." Einige von ihnen werden hingehen und sich die Krankheit durch Operation entfernen lassen. Einige von ihnen werden gehen und ihre Körper mit Chemikalien füllen, um fähig zu sein, die funktionelle und kreative Energie zu kontrollieren, die durch sie ausgedrückt wird. Einige werden einfach fortfahren, in der Krankheit zu schwelgen, bis sie ihre strukturellen Formen vergeudet haben. So, ich stimme nicht zu; ihr seid euch einer Fehlfunktion bewußt, ihr seid euch dieser nur nicht vollständig bewußt. Es gibt keinen Menschen, der nicht zu irgendeinem Zeitpunkt - in allen Ausdrücken, die wir Leben nennen - um sich schaut und sagt: "Das ist es, was ich will. Ich habe es, und ich habe es, weil ich dafür arbeite." Um es zu erschaffen, muß die Person die Disziplinen einsetzen, um für sich selbst zu erhellen, was sie davon abgehalten hat, es schon früher zu haben. Das gilt für finanzielle, emotionale, intellektuelle und physische Dinge, und die "Symbole", die immerwährend den gleichen göttlichen Funken ausdrücken und in uns entzünden, sind vorhanden, und dieser göttliche Funke sagt: "Es gehört mir, ICH BIN, Ich will, ich kann." Dann folgt ihr dem strukturellen Plan, um die Dinge eurer Wahl in euren Leben aktiv werden zu lassen und in Aktion zu bringen. Ursache und Wirkung! In diesem Prozeß setzt ihr euch damit auseinander, was ihr euch nicht erlaubt habt zu sein und beginnt die Transmutation durch Alchemie. Deshalb hat Geist immer gesagt: "Ihr seid die großen Alchemisten." Ihr könnt alles transmutieren und ändern, was in euren Leben vorhanden ist, wenn ihr versteht, in was ihr als Ursache und Wirkung nachgegeben habt. Warum denkt ihr, habe ich den Unterricht mit der Aussage begonnen, daß ich allen meinen Schülern sage, sie sollen sich vor einen langen Spiegel stellen und ehrlich das Positive und Negative ihres kreativen Seins auswerten (abschätzen)? Dann haben sie die Wahl, die Verantwortung für das zu übernehmen, was sie erschaffen haben und womit sie in ihren Leben leben. Warum denkt ihr, habe ich gesagt, daß es für euch absolut notwendig ist, nicht nur die Strukturen der physischen Ebene - eurer Körper, anzuschauen, sondern auch eure Häuser, eure Kirchen, eure Institut und all die Dinge, die euren Bewußtseinszustand reflektieren, und anzufangen, konstruktiv zu arbeiten. Warum denkt ihr, habe ich gesagt, daß ihr, wenn ihr einmal das Positive und Negative der Struktur der physischen Ebene ausgewertet (abgeschätzt) habt, dann in eure mentale Struktur hineingeht und das Positive und Negative auswertet? Habt ihr die volle Ausbildung, die ihr persönlich glaubt, haben zu müssen, um euer höheres Selbst auszudrücken? Wenn ihr sie nicht habt, dann beginnt, sie euch zu holen, denn sie nicht haben ist eine Psychose, die eine Neurose ausdrückt. Warum denkt ihr, sage ich: "Schaut eure Eheleben an?" Ihr könnt keinem anderen die Schuld geben. Es ist "euer" Gesetz von Ursache und Wirkung. Ihr habt euch in euren Disziplinlosigkeiten nachgegeben, aber offensichtlich nicht genug, das gibt euch etwas mit euch selbst zu tun. Und die Miseren und Schmerzen geben euch sicherlich jede Ausrede, euch nicht vollständig auszudrücken. Ich sagte euch, daß Armut ein Bewußtseinszustand ist, ich stützte dieses Konzept durch Beispiele von Genies, wie z.B. Einstein und andere, die die Vorläufer waren und euch die notwendigen Disziplinen gezeigt haben - ihr habt sie in eurer Gegenwart. Könnt ihr dieses Beispiel des wunderbaren Ausdrucks von Sicherheit sehen? Warum benutzt ihr es nicht als ein Symbol für die Art und Weise, wie ihr es für

euch selbst erschaffen könnt? Es ist nur ein Symbol, und das ist es, was es immer war, aber es symbolisiert die Disziplin, die Ausrichtung, die Erfassung und die Verstehensweisen, in die sich das Individuum hineinbegeben hat, um etwas zu erhalten, und es sollte mit großem Stolz getragen werden, weil es nicht aus Überlegenheit, sondern als ein Symbol getragen wird. Wenn ich für euch durchgebe, zeige ich euch symbolisch was ihr erreichen könnt; und es ist eure Aufgabe, die Disziplinen, die Ausrichtung und das Verstehen einzusetzen - weil euch alles zur Verfügung steht. Es ist eure Wahl!
Eure Geschäfte sind eine Reflektion der Erweiterung eures Verstandes und eurer Proklamation - weil Gedanken Dinge sind; und ich habe es ganz deutlich erklärt, als ich das Wort "psychosomatisch" genannt habe. Sagt euch selbst, daß ihr pleite seid, richtet fortwährend eure Gedanken darauf, pleite zu sein und kein Geld zu haben, und ihr werdet pleite sein. Fahrt fort, euch zu sagen, daß niemand euch versteht, und es wird so sein, daß niemand euch versteht. Es ist offensichtlich, daß ihr fortfahrt, in den Auswirkungen der Verstandesbegrenzungen zu schwelgen, ohne die notwendigen Disziplinen einzusetzen, eine spezielle Situation zu lindern. Deshalb sagte ich, daß die Medizin psychosomatisch erschaffene Krankheiten nicht verneinen kann; und ich kann sie auch nicht verneinen. Aber es bedeutet nicht immer, daß sie organisch sind: doch es ist unser Zweck, uns mit unseren organischen Formen auseinanderzusetzen. Du (Schülerin) zum Beispiel, bist eine der Personen, die darüber gesprochen hat, daß Menschen sichtbare Werkzeuge für sich an-

ziehen, die in ihnen einen größeren Sinn von Selbst-Identität erschaffen - denn du hast mit nichts angefangen und finanzielle Sicherheit erreicht: und du hast sie erreicht; indem du dich diszipliniert hast. Du bist eine symbolische Reflektion dessen, was jeder einzelne von ihnen tun kann, wenn sie zum Gesetz von Ursache und Wirkung kommen.

S.: Suchen wir immer bei uns selbst, wenn wir eine Ursache haben?

L.: Ja, absolut immer. Nur wenn ihr selbstrealisiert seid, könnt ihr sehen, wie es nicht eure Schöpfung ist, sondern eine Schöpfung, die zu euch gebracht wird, damit ihr für die Vollendung eurer Bestimmung mit ihr arbeitet und sie durcharbeitet. Nur wenn ihr selbstrealisiert seid, könnt ihr sehen, wann etwas zum Zweck der Hilfestellung und Assistenz zu euch gebracht wird, damit ihr es durcharbeitet, um eure Bestimmung zu vollenden. Du hast das Gesetz des positiven Denkens und der positiven Affirmationen, die wir psychosomatische Wirkungen nennen können, für all die Dinge und Ausrichtungen benutzt, denen du gewählt hast, deine Energie zu geben und hast finanzielle Sicherheit erschaffen. Ich gebe dir ein "Sehr gut" in dieser Kategorie. Nun kannst du dich zurücksetzen und ohne innerliche Unsicherheit zu erzeugen die Unsicherheit anderer Menschen erfahren und wissen, daß es Teil deiner karmischen Bestimmung ist, ihnen die Werkzeuge zu nennen, die du benutzt hast, um diese Wirkung in deinem Leben zu etablieren. Nun, soviel gestehe ich dir zu, aber das bedeutet nicht, daß du nicht mehr mit den intellektuellen und emotionalen

Körpern umgehen wirst - und es bedeutet nicht, daß du nicht deine eigene spirituelle Identität verneinst. Du hast sie nur genommen und in eine Richtung durchgegeben, und als du einmal dieses Ziel erreicht hattest, sagte Geist bzw. dein Sein: "Ich muß mich ausstrecken und eine andere Richtung berühren."

S.: So, du sagst, daß ich dieselben Werkzeuge benutzen kann, um diese andere Richtung durchzugeben?

L.: Ja, es sind die einzigen Werkzeuge, die existieren. Aber zuerst mußt du die Verantwortung für deine eigene Schöpfung übernehmen. Wir alle müssen Symbole sein und wir alle sind Symbole, nicht wahr? Auf eine Art und Weise oder in einer Form sind wir Symbole. Schaut an, was sie (eine andere Schülerin) zum Beispiel für sich selbst erschaffen hat. Sie hat ihre gesamte Energie darauf gerichtet, ihre Musik und künstlerische Kreativität zu erfassen, zu verstehen und zu vervollkommnen, und Gott weiß, es gibt wenige Menschen, die (ihr Instrument) so hervorragend spielen wie sie. Aber als sie das einmal erreicht hatte, sagte ihr Sein: "Es gibt mehr, ich muß in Ursache und Wirkung weiter gehen." Es ist dasselbe, wenn ich mit Menschen arbeite. Es ist mir gleichgültig, mit welcher Neurose sie umgehen. Zu Anfang lasse ich sie einfach mit Farben (Farbenlehre) arbeiten oder einfach malen oder in Ton arbeiten. Von ihren Bemühungen und Aktionen her kann ich analysieren, wo die Ursache liegt, die die Blockade hervorbringt und die Wirkung manifestiert. Und dann muß ich sie nur dazu bringen, sie zu erkennen und zu akzeptieren, und ich bitte sie, sich folgende Frage zu stellen: "Gefällt es mir, will ich es haben?" Wenn es ihnen gefällt, und wenn sie es haben wollen, muß ich sie loslassen und in ihren eigenen Schöpfungen schwelgen lassen.

S.: Alles, was in meinem Leben manifestiert ist, ist selbst erschaffen?

L.: Absolut, aber du vergißt eine Sache. Wenn du zu einem Symbol wirst, ist es dein Zweck, zu stimulieren. Das bedeutet nicht, daß du für die Fehlfunktion jener verantwortlich bist, die du stimuliert hast. Es bedeutet nicht, daß du dir alle ihre Fehlfunktionen anrechnen kannst. Es bedeutet, daß du fortfährst, die Fehlfunktion als Lernlektion zu benutzen. In dem Moment, in dem du die Grenze zur Beurteilung überschritten hast, erschaffst du genau die Unausgeglichenheit wieder, die du gerade gesehen hast. Aber ich kann euch garantieren, wenn ihr "Ursache und Wirkung" erobert....
Habt ihr jemals einen sogenannten reformierten Raucher gekannt, der herumgeht und versucht, das Leben aller Raucher zu ändern? Habt ihr jemals einen reformierten Alkoholiker gekannt, der herumgeht und allen sagt, daß Alkohol destruktiv und nicht gut ist? Und ich bin sicher, daß ihr die reformierte "Armut denkende" Person kennt, die herumgeht und allen erzählt, wie dumm sie sind, in ihrer Armut zu schwelgen. Wenn wir einmal ein Symbol für etwas sind, ist es unsere Verantwortung, die Werkzeuge, Aktionen und Gedanken auszustrahlen, die wir eingesetzt haben; um auszubilden oder zu erziehen. Das ist unser

Zweck, wenn wir Meister und Kapitän unseres eigenen Schiffes werden. Sieh, es ist eine Gabe Gottes, daß du deine schöne Gestalt hast. Es ist eine Gabe Gottes, daß du deinen phantastischen Verstand hast. Es ist eine Gabe Gottes, daß du deine Fähigkeiten hast. - Es ist die Art, wie ihr in Ursache und Wirkung schwelgt, die eure Fähigkeiten verzerrt. Alles hat seinen Zweck, und leider muß jedem Zweck gedient werden. Wir können uns nicht einfach aus den gesellschaftlichen Erwartungen zurückziehen. Ich, zum Beispiel, mußte verstehen, daß ich die Jahre, die ich damit verbracht habe, meine Spiritualität zu entwickeln, damit hätte verbringen können, meinen physischen Körper zu entwickeln; ich hätte auch meinen Intellekt entwickeln können, oder ich hätte meine finanzielle Sicherheit entwickeln und absichern können. Aber ich wählte, meine spirituelle Identität zu entwickeln und sie so monumental zu machen, wie sie ist, und ich sage das mit großer Demut. Ich übernahm die Verantwortung, ein Symbol zu sein.

Eine schöne Frau übernimmt Verantwortung. Sie übernimmt Verantwortung, weil sie Zeit, Energie und Handlung einsetzt, um ihre Schönheit zu erschaffen. Also muß sie ihre Gestalt in ausgeglichener Weise benutzen. In dem Moment, in dem ihr eine Identität oder einen Teil einer Identität akzeptiert, übernehmt ihr Verantwortung. Ursache und Wirkung! Ihr müßt wählen, in ausgeglichener Weise damit zu leben und müßt das Symbol sein, welches die Einheit der Gestalt der physischen Ebene, des mentalen Verstandes und des emotionalen Körpers hervorbringt - die letztendlich das spirituelle Wesen reflektiert, nicht wahr?

Wir bestimmen unseren Erfolg oder unser Versagen, indem wir das Gesetz von Ursache und Wirkung kennen, und indem wir erkennen, wie wir entweder ein Symbol oder aktiv beteiligt sind. Ich erkläre, daß C.G. Jung sagte, daß es zwei Arten von Träumen gibt. Es gibt den Traum, in dem ihr aktiv (am Geschehen) beteiligt seid, und es gibt den Traum, in dem ihr (das Geschehen) nur beobachtet. Es gibt im Leben zwei Arten des Ausdrucks. Es gibt den Beobachter, der in seinem Reichtum sitzen und allen anderen in ihrer Armut zuschauen kann, und es gibt das aktive Individuum, das an seinem eigenen Armutsgefühl "beteiligt" ist und infolgedessen durch das Gesetz von Ursache und Wirkung arbeiten muß. So, seid ihr die Beobachter, die für andere zum Symbol werden, das sie sehen können, oder seid ihr (am Geschehen) beteiligt und tatsächlich in der Mitte von all den Unausgeglichenheiten und Zerstörungen, die durch die Ursache kommen, welche die Wirkungen hervorbringt? Nun, versteht ihr, warum ich euch lehrte, Empathie, Sympathie und Mitleid durch Verstehen zu ersetzen; denn seht, alles im Leben ist eine These. Laßt uns dies etwas mehr ausführen. Alles im Leben ist eine Illusion, bis ihr es lebt. Absolut alles im Leben ist illusorisch, bis ihr das Recht und die Fähigkeit erworben habt, es zu leben und zu sein. Wenn ihr die Universität verlaßt, hofft und betet ihr, daß ihr den Antrieb, die Fähigkeit und das Verständnis habt, das Gelernte in ausgeglichener Weise auszudrücken. Illusion und Schicksal kann über Nacht geändert werden. Wenn ihr nicht "seid", schwelgt ihr in Ursache und Wirkung, und es ist eure Verantwortung zu wissen, warum, denn ihr seid das Symbol und der Ausdruck von erreichter Meisterschaft. Deshalb wird gesagt: "Mache mich nicht nur zu einem Hans Dampf in allen Gassen, so daß ich Meister in gar nichts bin, sondern gib mir die Stärke und den Antrieb, mich zu zentralisieren und Meister und Kapitän über den physischen Ausdruck zu werden, den ich symbolisch repräsentiere.

S.: Ist es produktiv, äußere Mittel oder Chemikalien als Werkzeug zu benutzen, um zu Ursache und Wirkung vorzudringen?

L.: Viele von uns sind von äußeren Mitteln und Chemikalien abhängig, um fähig zu sein, das Gesetz von Ursache und Wirkung in den Griff zu bekommen. Wenn es erforderlich ist, kann eine Chemikalie effektiv sein und dabei helfen, zu "Ursache und Wirkung" vorzudringen und die Wahl zu treffen, diese zu disziplinieren. Ich glaube sicherlich nicht an Operationen. Das ist mein Glaube. Aber ich bin mir bewußt, daß eine Operation für viele Menschen erforderlich ist. Ihr müßt in eurer Auswertung (Abschätzung) verstehen, daß die Chemikalie, die ihr einnehmt - bis ihr zu der Ursache einer Wirkung kommt dafür da ist, euch eine Linderung eurer Beschwerde zu bringen, so daß ihr zur Ursache vordringen könnt; was letztendlich, wenn die Ursache einmal verstanden ist, die Wirkung transmutieren wird.
Es gefällt mir nicht, wenn ich höre, daß Menschen die Wirksamkeit irgendeines etablierten Konzeptes, das wir heute haben, begrenzen, denn jeder von uns wird wählen, sich in seiner eigenen spezifischen Weise nachzugeben. Ich heiße die Konzepte nicht unbedingt gut,

und ich unterstütze sie nicht unbedingt. Ich glaube nicht daran, sich in Armut nachzugeben. Ich glaube an Erziehung (Ausbildung). Ich heiße, es nicht sonderlich gut, Drogen zu mißbrauchen; ich glaube an Verstehen. Ich glaube nicht an Alkoholismus, aber ich glaube an Verstehen. Jede dieser Wirkungen wird durch eine Ursache erzeugt, und es ist gleichgültig, welche Methode auch immer ein Mensch wählt; wenn sie ihm letztendlich erlaubt, die Ursache zu sehen, die die Wirkung hervorbringt, dann ist sie großartig und gut in jeder Art und Weise. Wenn ihr fühlt, daß etwas "nicht gut" (nicht in Ordnung) ist, und ihr noch nicht so ganz bereit seid, mit der bestehenden Ursache umzugehen, die überall um euch herum ist, geben die Ärzte euch also ein Beruhigungsmittel und hoffen, daß ihr durch fortwährende Selbstanalyse und Enthüllung zur Ursache kommen und eure Antwort finden werdet. Seht, das Leben ist der Hauptausdruck. Es ist nicht nur der Hauptausdruck, es ist der Lehrer. Wie auch in der Psychiatrie, der Religion und Philosophie gibt es immer diejenigen, die letztendlich zu Friedensstiftern (Besänftigern) werden. Sie beruhigen euch, damit ihr zur Ursache vordringen könnt, die sonst letztendlich euer Leben zerstören würde. Ich habe euch das gelehrt, aber das bedeutet nicht, daß ihr es akzeptiert oder irgendetwas mit euch selbst getan habt - bis ihr dazu bereit wart. In der Psychiatrie haben sie einen mehr in die Länge gezogenen Plan, und ihr macht es langsam. Aber ich möchte nicht, daß ihr eine Abhängigkeit an einen Friedensstifter oder Besänftiger entwickelt. Mir gefällt es wirklich, mich zu dem Punkt entwickelt zu haben, daß ich euer

"Mitarbeiter" bin. Ich weiß nicht, ob ihr das versteht, aber es ist wahr. Nun, euer proklamierender und denkender Verstand wird nicht so leicht aufgeben, wenn ihr anfangt, den Prozeß oder das Konzept des Gehorsams und der Disziplin anzunehmen, weil ihr Schmerzen in euren Leben erfahren habt. Seht, wenn ihr nach einer Droge (Mittel) oder nach einem Menschen sucht, der angenommenerweise fähig ist, euch dabei zu assistieren, das Gesetz von Ursache und Wirkung zu verstehen und zu erfassen - welches aktiv in eurem Verstand ist - dann müßt ihr eine Wahl treffen, weil euer Verstehen und euer Bewußtsein unvollständig ist. Infolgedessen müßt ihr beginnen, euer "Ego" zu disziplinieren, so daß ihr mit euch selbst in größeren Einklang kommt. Das ist eure erste Disziplin, das ist der erste Schritt, den ihr unternehmt, und ihr praktiziert - wie ich schon gesagt habe - Übertragung, und ein anderes Wort für Übertragung ist Abhängigkeit. Diese Abhängigkeit sollte euch letztendlich zu vollständigem Selbstbewußtsein und vollständiger Ausrichtung bringen. Aber Abhängigkeit kann nicht nur in einem Bereich ausgedrückt werden, sie muß in allen Bereichen ausgedrückt werden. Nun, durch die Abhängigkeit, Disziplin und Gehorsam erlangt ihr letztendlich die Fähigkeit, die Ursache, die euer Leben beeinflußt hat, unwirksam zu machen. Aber ihr könnt das nicht tun, wenn ihr mit eurem Mangel an Selbstanerkennung zu eurer Ehefrau hinüberschaut, damit sie euch stärkt. Ihr könnt es nicht tun, wenn ihr nicht anschauen könnt, wie ihr täglich auf eure Kinder reagiert. Ihr könnt es nicht tun, wenn ihr weiter macht, elterlichem Einfluß und Erbe nachzugeben. Ihr könnt es nicht tun, wenn ihr erwartet, daß jemand des Weges kommt und euch veranlaßt, die Dinge zu fühlen, von denen ihr wißt, daß ihr sie wollt, und die ihr gemäß eurer Auswertung (Abschätzung) wollt. Ihr tut es, indem ihr realistisch anschaut, was ihr von Moment zu Moment erwartet, indem ihr die drei Dimensionen, die ich euch gelehrt habe, weiter verfolgt - und ich spreche über die physische, emotionale und mentale Dimension. Und ihr entscheidet, daß sich die Dinge ändern werden. Ich glaube, daß die Religion, die Philosophie und alles, was wir ausdrücken wie Chemikalien sind. Eure Bereitwilligkeit, sie zu nehmen, zu nutzen und zum Mittelpunkt in euren Leben zu machen, bestimmt die Wirkung, die sie in euren Lebensausdrücken haben werden. Alles, was wir benutzen, ob es eine Chemikalie, ob es die Philosophie oder die Religion ist, führt zu einer Hingabe daran, eigentlich zu einer Übertragung. Wenn wir genug Schmerzen erfahren haben und nicht fähig sind, mit der Gesellschaft zusammenzuleben, beginnen wir, nach einem gut ausgebildeten Wesen zu suchen. Wir gehen vielleicht zuerst zu einem Psychologen oder Therapeuten. Letztendlich werden wir die "Medizin" finden, die für uns am besten ist. Wenn wir einmal beginnen, die "Medizin" zu nehmen, verursacht sie eine Linderung der Schmerzen, und wenn diese Linderung einmal anfängt, ihre Wirkung auf unser physisches, mentales und emotionales Wesen zu haben, können wir beginnen, die Ursache klarer zu sehen, die immer wieder die Wirkung hervorbringt. Aber wir müssen entscheiden, die "Medizin" zu nehmen und diesem Muster des Rituals zu folgen. Die meisten von euch wollen analysieren, was eure "Medizin" gerade gesagt hat - ihr wollt, daß es in euere Konzept paßt; und ihr wollt es dem anpassen, was ihr denkt, was es sein sollte; was ihr denkt, was es sein müßte; anstatt eure Schmerzen zu lindern, indem ihr die "Medizin" einnehmt und nutzt, so daß ihr euch eurer kreativen Zwecke und Handlungen im Leben mehr bewußt werden könnt. Wir können das Gesagte auch auf "finanzielle Sicherheit" anwenden. Wenn ihr das Konzept von psychosomatischer Erschaffung angenommen und akzeptiert habt, dann sollte euch die Erkenntnis, daß ihr finanzielle Sicherheit physisch in diesem Leben noch nicht erlebt habt, sagen, daß ihr sie um so mehr verinnerlicht, je mehr ihr eure Zellkörper mit psychosomatischen Projektionen, Proklamationen und Visualisationen bombardiert. Das hat eine Wirkung auf euren kreativen Maßstab, der Ursache und Wirkung ins Sein bringt. Bis ihr diesem Konzept gegenüber gehorsam seid, werdet ihr keine finanzielle Sicherheit haben. Ihr werdet euch weiterhin Illusionen hingeben und sagen: "Das Konzept ist nicht gut, es ist unvollständig, es ist meiner nicht wert", und was letztendlich einfach geschehen ist, ist, daß ihr euch nicht disziplinieren wolltet. Ihr wolltet euch nicht selbst verstehen, und ihr wolltet nicht zu der Grundlage von Ursache und Wirkung vordringen. Aber das ist das Werkzeug.

S.: Kann die "Medizin" in verschiedenen Formen kommen?

L.: Absolut.

S.: Hängt die Form mit meinem Glaubenssystem

zusammen?

L.: Wie wäre es mit Vertrauen? Wie wäre es damit, einfach deiner eigenen Göttlichkeit zu vertrauen? Wie wäre es, wenn du einfach deinem Bewußtseinssinn vertraust, der dir sagt, wo du sein willst? Wo willst du sein? Und höre auf, Ausreden zu finden, warum du nicht dort bist. Wie oft habe ich gesagt, daß du das Gewünschte essen, schlafen und trinken mußt; und am allermeisten mußt du es in dem Problem anwenden, das du selbst erschaffen hast, und dann, fürchte ich, mußt du deiner eigenen Fähigkeit vertrauen, deine Ursache und Wirkung bewältigen zu können. Nun, ich habe euch die grundlegenden Richtlinien gegeben. Es gibt keinen von euch, der nicht positive und negative Reaktionen bezüglich seines physischen Wesens finden würde, wenn ihr euch vor einem langen Spiegel sehen würdet. Es gibt keinen von euch, der keine positive und negative Aussage machen würde, wenn ich sagen würde, daß ich sofort zu euren Häusern (Wohnungen) gehe und eure Struktur der physischen Ebene anschaue. Es gibt keinen von euch, der nicht positive und negative Aussagen machen würde, wenn ich euch bitten würde, eure Ausbildungsbemühungen auszudrücken. Es gibt keinen von euch, der nicht positive und negative Aussagen machen würde, wenn ich wählen würde, eure emotionalen Unzulänglichkeiten zu enthüllen.
Eine Ursache wird durch eine unerkannte negative Aktion hervorgebracht und produziert letztendlich die Wirkung. Haltet euch also nicht selbst zum Narren. Der ganze Prozeß, der euch fähig macht, zu Ursache und Wirkung vorzudringen, ist anzusehen, was ihr eigent-

lich anschauen müßt. Ihr sprecht über Abhängigkeit? Guter Gott, ihr hängt von jeder äusseren Manifestation ab, um eure inneren Fähigkeiten zu klären. Ihr vergleicht euch andauernd. Ihr vergleicht euch und steigert die Stimulation der Ursache, die die Wirkung hervorbringt, weil ihr unwillig seid, einfach anzusehen und zu akzeptieren, was ihr für euch selbst erschaffen habt. Erkennt diese Abhängigkeit. Wenn sie einmal erkannt ist, wißt ihr, daß ihr sie disziplinieren müßt.
Das Leben sollte ausgeglichen gelebt werden, nicht wahr? Aber wie kann es ausgeglichen gelebt werden, wenn ihr in euch selbst nicht ausgeglichen seid? Das ist nicht möglich.

S.: Gibt es Grundursachen, die wir ansehen müssen?

L.: Absolut. Grundursachen sind Unsicherheit, Angst, Zweifel und Ärger. Die Wirkung ist nur die Art und Weise, wie ihr die Ursache besänftigt.

S.: Das bedeutet, daß mein Mangel an Vertrauen eine Ursache sein kann?

L.: Wem vertraust du und wem vertraust du nicht? Ist es nicht so, daß du dir selbst nicht vertraust? Die Wirkung ist ein Mangel an Vertrauen. Die Ursache ist Ärger, Frustration, Zweifel und Angst.
S.: Ich wundere mich, daß du sagst, Ärger ist eine Ursache. Kann Ärger auch eine Wirkung oder Unsicherheit sein? Oder ist er immer eine Ursache? Gibt es Zeiten, wo Ärger auch eine Wirkung ist?

L.: Ich stimme mit einem Teil von dem, was du gesagt hast, überein, weil Ärger in einer Aktion ausgedrückt wird, aber es gibt immer eine Ursache, und Ärger ist Teil einer Ursache, die diesen Ausdruck herbeiführt. Worauf der Ärger gerichtet ist, ist leider der entscheidende Faktor für die Art der Wirkung. Die meisten von uns richten den Selbstärger, oder wenn ihr wollt, unsere Frustration, auf irgendeinen anderen Menschen oder Umstand, obwohl in Wirklichkeit unser Ärger durch eine Ursache zum Keimen gebracht wird.

S.: Wenn etwas auf uns gerichtet ist, ist es eine Ursache, und wenn es auf jemand anderen gerichtet ist, ist es mehr eine Wirkung, und die Ursache ist, daß wir uns über uns selbst ärgern.

L.: Ihr solltet euch niemals wirklich über die Demonstration von Ärger aufregen. Als denkende Menschen solltet ihr die Ursache verstehen, die sich manifestiert und Ärger zum Ausdruck bringt.

S.: Ich erkenne, daß ich dazu tendiere, eine Sache zu analysieren, weil ich anderen Menschen und deren Handlungen wirklich nicht vertraue; und ich vertraue mir selbst nicht. Können wir die Worte und Handlungen von Menschen als einen Wert ansehen, oder sind diese Werte und Handlungen Reflektionen des Vertrauens, das wir in uns selbst haben? Wenn ich mir selbst nicht vertraue, treffe ich vielleicht jemanden, der etwas sagt und etwas ganz anderes meint?

L.: Du wirst ihn nicht nur vielleicht treffen, du wirst ihn ganz bestimmt treffen. Nun, wie lernt ihr, euch selbst zu vertrauen? Wie beginnt ihr, diese Übertragung zu erschaffen und nach außen hin auszustrahlen? Versucht, euch an das Konzept der Psychosomatik zu erinnern. Das ist sehr wichtig, denn wenn wir mit dem Gesetz von Ursache und Wirkung umgehen, können wir sehen, daß die Ursache aus vergangenen Leben kommt. Sie kommt definitiv von unserem unvollständigen Verständnis der Energien, die uns durch unsere Wahl in diesem Leben enthüllt worden sind und davon, wie wir unsere Wirkung in die Gesellschaft, Familie und das Geschäftsleben gelenkt haben. Aber ich möchte gerne, daß ihr beginnt, über die Anwendung von psychosomatischen Wirkungen in euren Leben nachzudenken.

S.: Hilft es, ein Mantra zu singen?

L.: Dein früherer Guru lehrte dich, fortwährend: "Ram, Ram" zu singen, anstatt dich in deinen intellektuell und emotional unausgeglichenen Zustand hineinzubegeben und Zerstörung für dich selbst zu proklamieren und zu verkünden, nicht wahr? Infolgedessen hast du dein Zellgewebe und deine gesamte Körperchemie um so mehr mit einem ausgeglichenen Ausdruck aufgeschüttelt, je mehr du dich trainiert und diszipliniert hast, "Ram, Ram, Ram",... zu sagen, und das hat dir dann geholfen - wenn nicht, die Ursache zu sehen, aber sicherlich, die Wirkung aufzuheben. Um zu irgendeiner Ursache vorzudringen, müßt ihr die Unannehmlichkeit der Wirkung lindern. Ihr könnt niemals wirklich mit Heilung arbeiten, wenn ihr euch nur der sichtbaren Wirkungen bewußt seid. Wir arbeiten mit Energieübertragung, damit wir die bestehende Wirkung, die in den Gedanken einer Person eine Realität ist, auslöschen oder verringern können; und wenn sie Linderung erfahren, können sie anfangen, an der Ursache zu arbeiten, die die Wirkung in die Manifestation gebracht hat. Ihr solltet die Situationen, wie sie jetzt gerade in euren Leben bestehen, realistisch anschauen und euch ehrlich fragen: "Bin ich mit der Situation zufrieden?" Wenn ihr mit der Situation nicht zufrieden seid, müßt ihr bestimmen, welche Anstrengungen oder Disziplinen ihr unternehmen wollt, um die Wirkung zu ändern. Wenn die Wirkung einmal geändert ist, werdet ihr beginnen, herauszufinden, warum die Ursache dieser Wirkung überhaupt vorhanden ist. Aber ich fürchte, ihr versikkert einfach in der Wirkung. Hier kommt das Wort "psychosomatisch" ins Spiel, weil ihr durch die psychosomatische Proklamation der Wirkung euch fortwährend eine Verstärkung der Wirkung zufügt, ohne zu verstehen, warum sie zu diesem Zeitpunkt aktiv in eurem Ausdruck ist. Laßt uns annehmen, daß ihr noch drei Dollar auf eurem Girokonto habt. Alle eure Gläubiger brechen über euch herein und ziehen alles ein, was ihr kauft: selbst alle Dinge, in die ihr euch als Beschäftigung nachgebt, weil ihr nicht wirklich die wahre Qualität eures Lebens ausdrückt - und ihr begebt euch als Besänftigung in all die äußeren Manifestationen hinein, damit ihr den Ausdruck, den ihr annehmt, rechtfertigen könnt. Nun, die Realität sagt: "Ich habe drei Dollar auf meinem Girokonto. Ich habe kein Geld, aber ich bin reich. Ich bin nur reich, wenn ich zu der Ursache vordringe, mit der ich noch nicht umgegangen bin und die als Wirkung Armut verursacht." Nur zu verstehen, daß ihr euch besänftigt, ist nicht genug. Ihr müßt verstehen, warum ihr euch begrenzt, und warum ihr euch - in den verschiedensten Graden - zerstört. Nun, ich kann euch sagen, daß ihr reich seid - aber wenn ihr fortwährend versucht zu glauben, daß ihr nicht reich seid und fortfahrt, euch in Ablenkungen, Tumulten und diese Art von Handlungen nachzugeben, die immer wieder die Tatsache unterstützen, daß ihr nicht reich seid, gibt es nichts, was ich tun kann um euch zu helfen, zur Ursache vorzudringen, die euch zeigen würde, warum ihr euren zugrundliegenden Reichtum nicht ausdrückt. Es gibt nichts, was ich in dem Fall tun kann. Wenn ihr ununterbrochen sagt, daß keiner euch liebt und gebt diesem "Keiner liebt mich" immer wieder Nahrung, habt ihr euch in einer Wirkung verfangen. Ihr stärkt die Wirkung, ihr manifestiert die Wirkung, weil ihr Angst habt, die Ursache, warum keiner euch liebt, anzuschauen. Was geschieht - wenn ihr die Wahrheit wissen wollt - wenn ihr euch nicht geliebt fühlt, ist folgendes: Ihr geht auf frivole sexuelle Kontakte ein, um auf diese Art zu versuchen zu beweisen, daß jemand euch liebt. Aber ihr erreicht nie die Einfachheit von Ursache und Wirkung.

Wenn ich morgens aufstehe und mein Körper sagt: "Geh wieder ins Bett," sage ich mir: "Warum? Will ich durch meine Ursache beeinflußt sein?" Also sage ich: "In Ordnung, ich habe dieses physische Problem, aber ich weiß, daß mit Gottes Hilfe alles möglich ist. Ich weiß, dieses Problem wird stimuliert und bricht aus, weil ich emotional mit den Problemen meiner Schüler und Lieben arbeite - denn ihr seid meine Lieben - und ich gebe euch die Erlaubnis, mein Leben zu beeinflussen. Hört ihr, was ich sage? Das Problem ist vorhanden, weil ich mit all euren Fehlfunktionen und all euren selbst erschaffenen Problemen umgehe - und ihr werdet als Lehrer dasselbe tun - denn wir ziehen die "Gipfel" dieser Ausdehnungen von uns selbst aus den Ätherwellen an - wie Quecksilber, das zu uns zurückkommt - und wir sind nie ganz und vollständig, bis das gesamte "Quecksilber" wieder in einer großen Kugel vereinigt ist und alle sich von ihrem vollständigen Identitäts-Selbst her ausdrücken. Wenn ich also morgens aufstehe, und mein Körper sagt zu mir: "Ich bin müde, ich habe Schmerzen, ich habe Schmerzen in der Brust, geh wieder ins Bett und schlafe noch ein bißchen" - denn im Schlafzustand gehen wir nicht mit dem fortwährenden Vergleich zwischen der aktiven Aktion und der Ursache um, die diese aktive Aktion oder Wirkung hervorbringt - dann sage ich: "Ich stehe auf, ich überschatte und überwinde die Wirkung, und ich verstehe die Ursache, so daß ich die Vision meines Selbst produzieren kann." Nun, er mußte dasselbe tun, als er das Symbol von Reichtum sah und als junger Mann entschied, daß er reich sein wollte, gleichgültig, was es ihn kosten und welche Opfer es fordern würde. Er probierte verschiedene Wege aus, bis er den richtigen Weg gefunden hatte, um die Wirkung, die er in seinem Leben haben wollte zu erschaffen und zu manifestieren. Er machte sich nicht viel Gedanken um irgendetwas anderes, ausgenommen darum, sein Ziel zu erreichen, und er manifestierte es. Ihr solltet an einem Platz in eurem Leben sein, wo ihr eure Spiritualität als die letztendliche Wirkung seht, die ihr er-

fahren wollt. Deshalb habe ich den Unterricht mit folgender Aussage begonnen: "Es gibt Disziplinen und Wege, die ihr benutzen könnt, um die destruktive Wirkung zu lindern, damit ihr die Ursache verstehen und sie in euren kreativen Systemen in euren Leben unwirksam machen könnt. Aber solange ihr an euren Mustern und Ablenkungen der Vergangenheit festhaltet, werdet ihr nicht aus eurer Höhle herauskommen, die ihr erschaffen habt - gleichgültig, ob ihr die "Höhle" des Volkstumhintergrundes, des Erbes oder des männlichen oder weiblichen Konzeptes benutzt. Welche Höhle ihr auch immer benutzt, sie ist die Kette, die euch an die fortwährende Erschaffung der Wirkung bindet, unter der ihr euch abmüht. Und die meisten von euch suchen nach vorübergehender Besänftigung, ob es Besänftigung durch Essen, Alkohol, große Häuser, Autos, Schmuck oder viele Liebhaber ist, was immer es sein mag. Alle diese Dinge sind vorübergehende Besänftigungen (Befriedigungen), bis ihr wißt, wie ihr die Energien, die vom Inneren her ausstrahlen, nutzen könnt. Damit gehen wir im Gesetz von Ursache und Wirkung um, und wir können es in unseren Leben von Moment zu Moment in Tätigkeit sehen - und wie wir beginnen, ist durch psychosomatische Projektion.
Ich lehrte euch, daß ihr "Schwämme" seid. Ich lehrte euch, daß ihr nicht immer 100% verantwortlich für die Wirkung seid, die ihr in euren Leben manifestiert - und das ist so, weil ihr wähltet, eine begrenzte Aktion zu beeinflussen und dieser nachzugeben, und ihr absorbiert dann alle Gedankenenergien und Ausstrahlungen der Person, mit der ihr gewählt habt, (für diesen Zweck) in Verbindung

zu sein. Ihr geht dann nach Hause und wundert euch, warum ihr euch weiterhin mit euren destruktiven Handlungen - oder soll ich sagen: Nachgiebigkeiten - abmüht. Ich kann euch absolut garantieren, daß dieser Mann - als ein Symbol (weist auf einen Teilnehmer) - seine Empfindlichkeit gegenüber Bemerkungen oder Feststellungen überwinden muß, die seine Arbeitskollegen vielleicht machen: und er muß wählen, seinen eigenen Weg durchzudrücken. Er könnte sich in Ablenkungenen verfangen, würde dann aber nie finanzielle Sicherheit manifestieren. Ursache und Wirkung! Nun, wie er diese finanzielle Sicherheit benutzt, ist der entscheidende Faktor - ob er sich in finanzielle Sicherheit als seinen Gott verfängt und dann sein eigenes Gott-Selbst nicht vollständig erkennt. Denkt nur an all die Anstrengungen, die ihr unternehmt, um euren Körper so vollkommen und schön zu machen, wie ihr denkt, daß er sein sollte. Wie ihr euren Körper benutzt, wird der entscheidende Faktor sein, ob ihr euch in euren Körper als euren Gott verfangen habt - und damit das Gesetz von Ursache und Wirkung verstärkt - weil die Menschen euch dann einfach nur als einen Körper oder nur als Geld wahrnehmen. Es ist dasselbe mit dieser kleinen Hündin, sie sieht mich nur als "Futterquelle". Seht ihr, was ich sage? Wollt ihr nur als Körper oder Geld bekannt sein? Das wäre die Wirkung eurer unentdeckten Ursache. Ihr beginnt, die Schmerzen zu lindern, indem ihr die Disziplin anwendet. Ich sage es noch einmal: "Wen liebst du? Wem willst du genau gleich sein?"

S.: "Dich bzw. Dir!"

L.: Wißt ihr, was er gerade getan hat? Er hat für sich selbst proklamiert, daß er es leid ist, durch seine Ursache, die die Wirkung erzeugt, manipuliert zu sein. Also lindert er die Wirkung, damit er letztendlich zur Ursache vordringt, was ihm dann zeigt, warum er nicht hat, was er in diesem Moment und zu diesem Zeitpunkt haben möchte.

L.: "Bist du reich?"

S.: ...(zögert mit der Antwort)

L.: Du hast bereits all das zunichte gemacht, was du sagen willst, denn die Antwort muß als spontane Reaktion kommen. Du bist in der Tat reich. Wann hast du das letzte Mal ehrlich die Gaben ausgewertet (abgeschätzt), die Gott dir gegeben hat? Nun, meine Kinder, wir müssen mit unserer Inventur der Gaben, die uns von Gott gegeben wurden, immer, absolut immer, auf dem Laufenden sein, und anstatt immerzu Bedürfnisse und Mangel zu projizieren, müssen wir beginnen, uns auf die fabelhaften Gaben zu zentrieren, die jeder von uns aufgrund unseres eigenen Seins hat. Jedesmal, wenn ihr psychosomatisch sagt: "Ich kann nicht", verstärkt ihr die Ursache, die die Wirkung hervorbringt. Wißt ihr, ich habe oft, wenn ich dieses Konzept von Ursache und Wirkung lehrte, geschworen, daß das Beste, was ich tun könnte, wäre, mit euch zu den Häusern zu gehen, die für geistig oder körperlich behinderte Menschen eingerichtet sind und euch sehen zu lassen, was für ein Glück ihr habt und wie gesegnet ihr seid; so daß ihr damit aufhören könnt, euch selbst leid zu tun und euch jedesmal zu beschweren, wenn ihr

euch disziplinieren müßt; denn ihr habt wirklich alles, alles, was ihr in euren Leben haben wollt.
Es bedeutet einfach, daß ihr vielleicht die Barrieren abbrechen, die ihr kreiert, und die euch daran hindern, die Disziplinen zu benutzen. Beispiel: "Du sagst, daß du mich liebst. Stimmt das?"

S.: "Ja!"

L.: Diese Liebe basiert sehr stark auf dem, was ich in deinem Leben fortfahre auszudrükken. Ich werde jetzt einen bestimmten Punkt beweisen. Ich möchte, daß du über das was ich jetzt sagen werde, nachdenkst, und ich möchte, daß du es fühlst und erfährst. Wenn du dir so sehr in deiner eigenen Persönlichkeit nachgeben willst...., was würdest du tun, wenn ich heute abend nach Hause ginge und heute Nacht mein pysiches Leben beenden würde? Denn das ist es, was ihr mit euren Leben tut. Ursache und Wirkung! Erfaßt ihr, was ich sage? Ihr erschaft in "Ursache und Wirkung" fortwährend eure eigenen Begrenzungen, Zerstörungen und Fehlfunktionen, und ihr werdet nie Meister und Kapitän über irgendeine dieser Begrenzungen, Zerstörungen und Fehlfunktionen sein, bis ihr wählt, euer Leben zuzuwenden, und das Ergebnis der Zuwendung und Entschlossenheit wird sein, daß ihr euch tatsächlich unter Kontrolle habt und die Belohnungen erntet. Ist das nicht fabelhaft?

Wenn ihr aufhören würdet, nach Liebe, Annahme und all diesen Dingen zu suchen, die ihr euch selbst geben solltet, würdet ihr letztendlich die Schmerzen lindern, so daß ihr die Ursache erfassen könnt. Wenn ihr euch tatsächlich mit dem, was ihr für euch selbst erschaffen habt, auseinandersetzen und es auswerten (abschätzen) würdet, würdet ihr euch fragen, ob ihr euch darunter abmühen wollt. Wenn ihr das nicht wollt, dann versteht, warum ihr es überhaupt erst erschaffen und euch darin nachgegeben habt. Dann wendet die Gesetze und die Wahrheit an, nicht nur wenn es euch passt, sondern immer. Ihr beginnt aber nur mit euch selbst umzugehen, wenn ihr mit Verlust konfrontiert seid. Ursache und Wirkung!

Wenn ihr ihn (zeigt auf einen Schüler) vor 15 Jahren gesehen und gefragt hättet, was er in seinem Leben will, hätte er euch gesagt: "Ein gutes Einkommen," denn eine schöne Frau hatte er schon. Er hätte euch gesagt, daß er sie glücklich machen und seine eigene Identität absichern will. Zu dem Zeitpunkt wählte er finanzielle Sicherheit, heute reicht er nach mehr aus. Aber es wird von ihm dieselben Handlungen, dieselbe Zähigkeit und dieselben Disziplinen fordern, um sein spirituelles Selbst zu gewinnen, und genau so wird es für euch alle sein. Das verändert sich nicht; und nur ihr könnt bewältigen, was ihr euch angetan habt. Aber wir haben soviel Krankheit, weil wir uns leider nicht mit uns selbst auseinandersetzen, bis unser kreatives und unser Ausdrucksleben bedroht ist. Dann machen wir Halt und "riechen an den Rosen", und die Rosen sind die Realität unseres Lebens. Alles ist möglich, wenn ihr es wollt. Wenn ihr es nicht bekommt, ist es, weil ihr mit einer noch nicht enthüllten Ursache umgeht, die fortfährt, eine Wirkung in euren physischen Leben zu erschaffen. Und es liegt an euch,

die Ursachen zu entdecken.
Du, zum Beispiel (zu einer anderen Person), haßt Männer, und am allermeisten haßt du dich selbst, weil du niemals deinen eigenen Erwartungen entsprochen hast. Also gaben dir alle Männer, mit denen du jemals zusammen warst, das Gefühl, ein Bürger zweiter Klasse zu sein, weil du sie darum gebeten hast. Wenn du dich jemals selbst an die Hand nehmen würdest, wärst du fähig zu lehren, auszudrücken und zu lenken, aber du hast solche Angst, deine Gesellschaft zu verlassen. Du kannst das nicht ableugnen. Wenn du jahrelang zum Psychiater gehst, kommst du am Ende zu demselben Schluß. Ursache und Wirkung! Schaut die Gesellschaft an. Schaut und seht, was wir durch unsere Wirkungen in der Gesellschaft erschaffen haben. Wir haben Menschen ihre Würde weggenommen, wir haben schon immer durch unsere Handlungen und Nachgiebigkeiten Menschen das Recht genommen, etwas zu erreichen. Es gibt niemanden, der etwas vollbringen muß, es gibt niemanden, der sich selbst verstehen muß. Sie alle können für sich selbst all die Besänftigungen kreieren, aber zeigt mir jemanden, der sie ermutigt, etwas zu vollbringen. Ich zeige euch jemanden, der nicht in der Wirkung verfangen und zur Ursache vorgedrungen ist.

S.: Sprechen wir über äußere Disziplinen, denen wir folgen sollen?

L.: Wir sprechen über innere Disziplinen. Du weißt, was mit dir geschah, nachdem du entschieden hattest, reich sein zu wollen. Du hattest dich auf einen Punkt (ein Ziel) konzentriert, und ich würde sagen, du hast 75%

deiner Energie in die Manifestation des äusseren Symbols des Reichtums gesteckt, damit du das Gefühl haben konntest, dein Ziel erreicht zu haben. Die Psychosomatik kann nur wirksam werden, wenn ihr eure Gedanken diszipliniert, die sagen: "Ich kann nicht..." und die Energie einsetzt, um das psychosomatische Konzept zu reproduzieren und organisch zu machen. Jetzt wird sich so ungefähr alles, was du berührst, in Gold verwandeln, solange du dich nicht in der Ursache verfängst, die durch Unsicherheit reflektiert wird.

S.: Was sollen wir tun, wenn wir uns selbst nicht lieben können?

L.: Wenn ihr euch selbst nicht lieben könnt, liebt mich. Ich bin sicher! Wenn ihr euch nicht selbst disziplinieren könnt, laßt mich euch disziplinieren. Wenn ihr euch selbst nicht gehorchen könnt, gehorcht mir. Wenn ihr ununterbrochen durch eure Ängste und Befürchtungen abgelenkt seid, ist sie zu disziplinieren, und die Münze auf die andere Seite zu drehen, die einzige Art, wie ihr sie als Anreiz benutzen könnt. Das wird Übertragung genannt. Ihr seid eure eigenen schlimmsten Feinde, weil ihr alles durch euer intellektuelles und emotionales Verständnis presst. Wenn ihr an einem Gebäude arbeitet und nicht wißt, welcher Stein als nächstes zu benutzen ist, könnt ihr es nicht durch euer eigenes Verständnis pressen, und es ist besser für euch, dem Bauplan gehorsam und zugewandt zu folgen. Ihr könnt nicht das Gebäude anschauen und sagen: "Baue dich selbst." Aber genau das sagt ihr, während ihr durch eure Wirkungen beeinflußt seid. "Baue dich selbst, und erlaube mir, meine Spiele weiterzuspielen." Wenn ihr die Disziplinen benutzt hättet, hättet ihr bereits alles erreicht, was ihr im Leben wollt, nicht wahr? Deshalb sage ich euch immer wieder, daß ihr euch umschauen und auswerten (abschätzen) sollt, was ihr im Leben erreicht habt. Fragt euch, ob es zufriedenstellend ist. Ist das, was ihr erreicht habt, genau das, was ihr erreichen wolltet? Wenn nicht - wenn es mehr gibt, und euer Gott euch immer wieder sagt, daß es mehr gibt - warum haltet ihr dann an all den Dingen fest, die gewesen sind? Stimmt ihr nicht zu? Und der einzige Weg, jemals irgendetwas zu erkennen, ist, die äußere Wirkung zu lindern, damit ihr die zugrundeliegende Ursache klarer erkennen könnt. Aber wenn ihr euch fortwährend in frivoler Weise nachgebt, werdet ihr nie zu der Ursache kommen, weil ihr nur ununterbrochen die Wirkung, die ihr erfahrt, stärkt und ausübt.

S.: Was ist, wenn man sich nicht geliebt fühlt?

L.: Besänftigung würde sein, hinauszugehen und sexuellen Kontakt zu haben.

S.: Ich spreche nicht von Besänftigung, ich spreche davon, die Wirkung zu lindern, um zur Ursache vorzudringen.

L.: Finde jemanden, den du lieben kannst. Finde jemanden, dem du vertraust. Finde jemanden, der dir weiterhin assistiert (beisteht), während du deine Ursache und Wirkung verstehst. Es geschieht durch Schmerzen. Keine Schmerzen, kein Gewinn. Aber du mußt etwas geben, um etwas zu bekommen, nicht wahr? Du kannst nicht andauernd zu mir sagen: "Beweise es mir." Jeder von uns muß zu seinen eigenen Ursachen vordringen und seine Talente weise benutzen. Versuche, es selbst zu tun. Ich habe euch die Kunst der Projektion und die Kunst der Visualisation gelehrt. Ich habe versucht, euch die Kunst der Proklamation oder der psychosomatischen Proklamation zu lehren. Ihr habt viele Symbole vor euch. Wenn ihr nicht bereit seid, die Disziplinen durchzuführen, um dieses symbolische Image zu erreichen, das ihr vor euch habt, dann müßt ihr euer Schicksal akzeptieren, nicht wahr? Und ihr geht einfach nur durchs Leben und seid mittelmäßig.

S.: Was ist das Ego?

L.: Das Ego ist aus all den Dingen geformt, denen ihr euch ausgesetzt habt, und ihr müßt alle falschen Mutmaßungen und Ideen durchsortieren, um das echte Sein zu finden. Wenn ihr das absolut glaubt, dann seid ihr fähig, den karmischen Einfluß, den Gesellschaftseinfluß, den elterlichen Einfluß, den Einfluß des ethnischen Erbes und natürlich den beruflichen Einfluß zu verstehen. All das hat euer Leben die ganze Zeit beeinflußt und euch veranlaßt, euch der Besänftigung hinzugeben. Es liegt tatsächlich an euch, die Verantwortung für das, was ihr im Leben erschaffen habt, zu akzeptieren, und es auszugleichen. Niemand hat es für euch erschaffen, weil ihr noch nicht Kapitän und Meister über eure Schöpfungen seid. Ihr habt es selbst erschaffen. Er denkt, daß ich ihn bestrafe, und daß ich nicht immer zu seinen Gunsten arbei-

te, während er weitermacht, sich in all den Ablenkungen nachzugeben, die von seinem kleinen Ego und von Ursache und Wirkung kommen. Obwohl ich ihm sogar alle Antworten gegeben habe, die ihm helfen würden, die Dinge zu erreichen, von denen er weiß, daß er sie erreichen kann, ist er leider doch zu Tode erschrocken darüber, daß er die Verantwortung haben könnte, es zu verwalten. Also gibt er viel lieber mir die Schuld, indem er sagt, daß ich ihn sitzengelassen hätte. Er sagt: "Wie kann er (der Lehrer) erwarten, daß ich jemals meine Bestimmung erfüllen kann, wenn er nicht da ist und nicht für mich arbeitet; und da sind all die anderen Personen, die seine ganze Aufmerksamkeit fordern und alle diese Dinge tun, die ihn abhalten, für mich zu arbeiten." Wer arbeitet nicht für ihn?
Eine andere Person sagt: "Ich habe kein Geld. Wenn du (der Lehrer) wüßtest, wie viele Rechnungen ich zu bezahlen habe und wie belastet und unglücklich ich bin, würdest du mir alles versprechen und mir helfen, es selbst zu tun", während er sich in Selbstzerstörung nachgibt. Eine andere Person sagt: "Wann werden sie erkennen, daß ich ein angesehener Lehrer bin? Wann werden sie beginnen, mir Anerkennung für all die Jahre zu geben, die ich damit verbracht habe zu lernen, wie man ein angesehener Lehrer ist?" Die Antwort ist: "In der Minute, in der du es selbst erkennst." Ein anderer kleiner Engel ruft mich oft an und sagt: "Wann werde ich Liebe finden? Wann werden sie (die Männer) so reagieren, wie ich es will?" Und ich denke mir: "Wann wirst du anfangen, alles zu sein was du bist? Wenn du alles wärst, was du bist, könnten sie es vielleicht sehen und würden

sich nicht so bedroht fühlen und weglaufen." Ursache und Wirkung!

S.: Wie bringt man eigentlich Disziplin in sein Leben?

L.: Disziplin wird ein Ergebnis bringen, wenn du die Ursache herausfindest. Es ist dasselbe, wenn du dich hinsetzt und eine Wahl triffst, wie zum Beispiel: "Ich will in meinem Leben Geld haben." Diese Tatsache kennst du. Viele von euch sagen: "Ich möchte Liebe in meinem Leben haben." Aber ihr gebt euch mit Sex und Befriedigung zufrieden, denn Liebe zu haben, fürchte ich, ist viel komplizierter als nur etwas Befriedigung zu haben, nicht wahr? Wenn ihr euch selbst nicht liebt, ist es leichter für euch, jemanden zu finden, der euch bedingungslos liebt und all euren Unsinn mitmacht. Wie auch immer; Disziplin ist wirksamer, wenn ihr entscheidet, euch der Erfüllung eures Traumes zuzuwenden. Es sind all die kleinen Ablenkungen, die ihr als Besänftigung haben wollt, und es sind die kleinen Streicheleinheiten, die ihr wollt, die die Fehlfunktion eurer eigenen Erschaffung immer wieder ermutigen. Denkt ihr, es war einfach für mich, euch bei eurem reichhaltigen Mittagessen zuzusehen. Ich habe seit acht Tagen kaum etwas gegessen, und ich kann euch sagen, es war nicht einfach. Aber ich habe mich dazu entschieden, und wenn ich mich einmal zu etwas entschieden habe, tue ich es auch. Ich verlasse mich nicht darauf, daß ihr es für mich tut. Ich tue es.

S.: Gestern abend hast du im Unterricht davon gesprochen, einen Weg zu finden und diesem zu folgen. Du hast auch gesagt, daß der Weg Abzweigungen hat. Ich bin auf dem Weg, und ich bin verheiratet. Ich habe den Eindruck, daß Verheiratetsein ein Hindernis auf dem Weg ist?

L.: Es war erst, nachdem du geheiratet und damit dein emotionales Selbst zufriedengestellt hattest, daß du danach das Beste erworben hast was du finden konntest und daß du mit deinen Ursachen umgehen wolltest, die die Wirkungen erzeugten; und das gab dir die Stärke und die Energie, dein Bestes zu geben.

S.: Ich dachte, daß wir, wenn wir den Weg beginnen, ein Meister zu sein, das nur durch das spirituelle Königreich erreichen können?

L.: Wer bist du? Was sagt die Wissenschaft, wer du bist?

S.: Energie.

L.: Richtig.

S.: Aber wir müssen immer noch diesen einen Weg gehen?

L.: Ja, das müssen wir. Aber nachdem du einmal alle deine emotionalen, physischen und mentalen Bedürfnisse bezüglich deiner Ehe befriedigt hattest, warst du freier, deinen Weg aufgrund von Hingabe auf einen anderen Aspekt zu lenken,in diesem Fall finanziellen Gewinn. Und du bist ein lebendiges Beispiel für finanziellen Gewinn, nicht wahr? Nun, darüber bist du Meister geworden, und du weißt, welche Zähigkeit, Hingabe und Disziplinen notwendig sind. Nun kannst du das alles gehen lassen und das Gelernte anwenden, um die Verwirklichung anderer Wege hervorzubringen, die du nicht erkannt hattest während du dabei warst, den vorherrschendsten Weg - der deinem inneren Bedürfnis entsprach - zu vollenden.

S.: Das bedeutet, wenn wir eine Sache erreicht haben, gehen wir zur nächsten und können immer noch das gleiche Muster benutzen?

L.: Genau. Ihr könnt nicht unentschlossen sein. Ein geteiltes Haus fällt. Ihr müßt zugewandt sein; und wenn ihr nicht zugewandt seid, habt ihr nichts, außer Schmerzen und Misere. Wenn ihr feststellt, daß eure Hingabe (Zuwendung) ins Wanken gerät, und daß ihr abgelenkt seid, geht ihr zum Gesetz von Ursache und Wirkung zurück. Ihr schaut euch selbst an und erkennt, daß ihr euch in Besänftigung nachgegeben habt; und dann versteht ihr, warum die Besänftigung vorhanden ist. Ihr seid dazu bestimmt, reich zu werden, wenn ihr die richtigen Wahlen trefft. Ihr seid auch dazu bestimmt, zu lernen, wie der Reichtum zu benutzen ist und ihn weise zu benutzen. Reichtum kann genau so sehr eine Fallgrube sein, wie er eine Hilfe sein kann. Sehr sinnlich zu sein kann genau so sehr eine Fallgrube sein, wie es eine Hilfe sein kann. Wenn du deine Mitmenschen fragst, werden sie dir einige Wegstrecken nennen, die sie, den hohen Berg hinauf, erklettert haben, um zu werden, was sie heute sind. Es wird durch Zähigkeit, Disziplin und Hingabe gemacht.
Und es gibt mehr, es gibt das totale Sein, und jeder braucht ein Symbol, um etwas zu erreichen, ein Symbol seines eigenen Konzeptes,

dem er folgen kann, denn ihr geht nur mit euch selbst um, wenn ihr ein Symbol habt. Ich kann es wieder auf die Psychologie und Psychiatrie zurückführen und sagen, daß ihr die Übertragung haben müßt. Es bedarf Vertrauen, Glauben (an das Abstrakte und das Konkrete) und Hingabe. Deine Hingabe war darauf gerichtet, Dinge für dich, deine Frau und deine Familie besser zu machen und darauf, dich dir selbst gegenüber zu beweisen. Also hast du es erobert und dir nicht in zu vielen Ablenkungen nachgegeben, nicht wahr? Aber du brauchtest auch die Ermutigung und Anregung; und du hast all deine irdischen Konzepte darüber, was einen Mann ausmacht, befriedigt, indem du eine schöne Frau gefunden hast. Warum ist das so schwer zu verstehen und zu akzeptieren? Du hast absichtlich mit dieser zielorientierten Ausrichtung gearbeitet, um dir alle diese irdischen Wünsche zu erfüllen - und um die erfüllten Wünsche zu benutzen, um den Erfolg hervorzubringen, an dem du dich jetzt erfreust. Warum kannst du nicht dieselbe Zähigkeit und dasselbe Verständnis anwenden, um andere Plateaus zu erreichen? Nur wenige Menschen tun es, aber das ist der Weg.
Wenn ihr mit geistig behinderten Menschen arbeitet, gebt ihr ihnen als erstes ein Projekt, an dem sie arbeiten können, z.B. Korbflechten. Laßt sie einen Korb fertigstellen, und seht, wie wunderbar sie sich mit sich selbst fühlen. Es muß nicht dem gesellschaftlichen Konzept entsprechen, es muß in ihnen nur das Bewußtsein erwecken, daß sie es können. Stimmt das nicht?

S.: Was tut das "Anreiz-Programm" für Menschen?

L.: Das "Anreiz-Programm" regt sie zu einem Interesse an sich selbst an. Es veranlaßt sie, fähig zu sein, ihr selbstzerstörerisches Denken zu vermindern und die Ursache zu sehen, die es ins Sein gebracht hat. Und die Ursache war Zweifel. Nimm eine Person, die Höhenangst hat und bringe sie zu einem sehr hochgelegenen Ort; lasse sie dann hinunterschauen, und sie kann sehen, wie dumm ihre eigene Auswertung von sich selbst war, und sie wird das fast sofort ändern. Wenn wir mit dem Gesetz von Ursache und Wirkung arbeiten, können wir sehen, daß es einfach ist, das Offensichtliche auszuwerten, die Wirkung; aber wir müssen uns der Ursache, die die Wirkung erschaffen hat, viel bewußter werden, wenn wir helfen wollen. Ihr könnt ununterbrochen einen Anreiz, ein Symbol geben, und wenn die Menschen den Anreiz, das Symbol stark genug wollen, werden sie es in ihrem eigenen Verstand manifestieren, weil sie ihre Ursachen "herausziehen", anschauen und in ihrem Leben unwirksam machen werden.
Vor wievielen Jahren habe ich dir gesagt, daß du dir deine "Löwen" anschauen sollst? Vor wievielen Jahren habe ich dir gesagt, daß du "Daniel in der Löwengrube" bist? Ursache und Wirkung! Du bist in der Wirkung verfangen und durch sie manipuliert. Bist du reich? Das ist ein Werkzeug. Wenn du eine Sache einmal realistisch anschaust, mußt du Glauben (abstrakt und konkret) in dein eigenes Gotteswesen setzen. Du mußt dir im Angesicht aller Wirkungen, die du durch das Nachgeben in deine Ursachen erschaffen hast, fortwährend bestätigen, daß du bist, was du vorher nicht warst.

L.: Wirst du geliebt?

S.: Ja.

L.: Psychosomatische Affirmation. Verstehst du, was ich sage? Hast du alles, was du haben willst?

S.: Ja, auf allen drei Ebenen.

L.: Sobald du beginnst, das zu prophezeien und erlaubst dir nicht, durch deine Ängste, Befürchtungen, Unzulänglichkeiten und sogar Ärger abgelenkt zu sein, wirst du es manifestieren und aufhören, allen anderen die Schuld zu geben. Du wirst alles anschauen, was du im Leben erschaffen hast und sagen: "Ich will das nicht mehr." Aber wenn du es willst, erfreue dich daran. "Ursache und Wirkung" sagt, daß es für jede bestehende sichtbare Wirkung und Aktion im Leben eine zugrundeliegende Ursache gibt. Der einzige Weg, zu dieser Ursache vorzudringen, ist anzufangen, die Wirkung in deinem Leben unwirksam zu machen. Du kannst nicht von hier aus nach Hause gehen und sagen: "Ich erkenne, daß ich (dem Konzept) meiner Mutter nachgegeben habe, und daß sie mein Leben kontrolliert." Du hast dich darin verfangen bzw. dir darin nachgegeben, weil du nicht mit der Ursache umgegangen bist, die dich dazu brachte, dir überhaupt erst darin nachzugeben - und die Ursache ist, daß du dir selbst nicht vertraust. Du kannst nicht von hier aus nach Hause gehen und sagen: "Ich kann es mir nicht leisten, diese Rechnungen zu bezahlen", denn in der Minute, in der du das proklamierst, wirst du genau das bekommen. Du hast dich in der stärksten Visualisation von Ursache und Wirkung verfangen, die sagt: "Ich bin es nicht wert, und ich bin unzulänglich." Ich hoffe, daß ihr irgendwie beginnt zu verstehen, warum ich euch an diesen Punkt geführt habe, indem ich dieses dumme Spiel spielte: "Wen liebst du? Wem willst du genau gleich sein?" Was hält euch davon ab, es zu haben? Das ist der erste Schritt, den ihr machen müßt. Bist du mit allen Dingen glücklich, die du erschaffen hast?

S.: Ja.

L.: Du bist es? Ich hätte "nein" gesagt, denn du hast noch nicht bekommen, was du haben willst. Erinnert euch, ich sagte euch, daß ihr dieses Spiel nur spielen könnt und die Werkzeuge nur benutzen könnt, wenn ihr Dinge realistisch anschaut. Nur dann werdet ihr mit euch selbst umgehen.

S.: Muß man die Situation, die man ändern will, erst lieben und mögen, bevor man sie ändern kann?

L.: Nein.

S.: Man muß sie nur verstehen?

L.: Absolut. Seht, ich muß keinen von euch lieben oder mögen, ich muß euch nur verstehen und über die Wirkung hinaussehen, die durch die Ursache erschaffen wurde. Ich muß Krebs nicht lieben oder mögen. Ich muß Begrenzungen nicht lieben oder mögen, nicht wahr? Aber ich muß sicherlich verstehen, warum der Krebs oder die Begrenzungen vorhanden sind. Nun frage ich dich noch einmal: "Bist du glücklich?"

S.: Nein.

L.: Bist du zufrieden?

S.: Nein.

L.: Das ist deine erste ehrliche Antwort. Jetzt kannst du anfangen, an dir zu arbeiten, denn wer hat es erschaffen?

S.: Ich habe es erschaffen.

L.: Kinder, das ist die Maskerade, die ihr allen anderen zeigt. Ihr könnt es nicht ehrlich zugeben, wenn ihr unglücklich seid, weil ihr etwas erschaffen habt, was zerstörerisch für euch ist - und das bedeutet, daß ihr fortfahrt, euch in der Wirkung zu verfangen. Bist du glücklich?

S.2: Nicht mit allem, was ich erschaffen habe.

L.: Bist du zufrieden?

S.2: Nein, ich wäre nicht hier, wenn ich zufrieden wäre.

L.: Schau dir an, wie wunderbar du bist. Das ist die erste Prämisse. Du mußt fähig sein, dich als wunderbar zu akzeptieren.

S.: Das ist der schwierige Teil.

L.: Nein, das ist nicht der schwierige Teil. Der schwierige Teil ist loszulassen, was bequem für dich ist. Es ist wie Zahnschmerzen.

Ihr könnt den Zahn gelegentlich mit etwas Nelkenöl behandeln und die Schmerzen lindern und dann damit weitermachen, euch nachzugeben, bis ihr etwas gegen die Ursache tut, die die Zahnschmerzen hervorgebracht hat.

S.: Werden wir jemals zur vollen Realisation unseres Seins kommen?

L.: Es ist dasselbe, wie wenn wir zur Schule gehen. Wenn wir die Schule beendet haben, müssen wir lernen, wie das Gelernte zu benutzen ist, damit wir ein Symbol für andere sein können. Seht, euch gefallen eure Miseren, eure Schmerzen und Dinge dieser Art, aber ihr werdet auch ununterbrochen von diesen Dingen bombardiert, von denen ihr wißt, daß ihr sie seid.

S.: Du hast erwähnt, daß Angst dir manchmal hilft...? Ist es möglich, daß eine Ursache uns zwingen kann, etwas gegen die Wirkung, wie z.B. Armut, zu tun?

L.: Absolut. Armut ist nur eine Wirkung. Wenn ihr etwas dagegen tut, werdet ihr letztendlich reich sein. Aber wenn ihr euch in der Wirkung nachgebt - wie einige Personen, die ich kenne - und dieser erlaubt, fortwährend weiterzubestehen, weil ihr euch über die Schritte beschwert, die gemacht werden müssen, um sie zu überwinden, wird sie nur zu einer weiteren Fallgrube. Es ist dasselbe, wenn ihr einen herrlichen Körper entwickelt. Nachdem ihr ihn einmal entwickelt habt, ist er ein zweischneidiges Schwert, und ihr müßt dann entscheiden, ob ihr ihn dazu benutzen werdet, euren eigenen Ursachen nachzugeben, oder ob ihr ihn als symbolische Wirkung für das benutzt, was ihr erreichen wollt. Das ist es, was geschieht. Versteht ihr? Ihr könnt in Armut und Selbstmitleid schwelgen, oder ihr könnt die Ursache verstehen, die euch veranlaßt hat, Armut und Selbstmitleid zu manifestieren. Dann übernehmt ihr die Verantwortung dafür, und wenn ihr keinen Erfolg habt, ist es deswegen, weil ihr Disziplin, Ausrichtung, Konzentration auf ein Ziel und vollständige Hingabe nicht eingesetzt habt. Meine Gaben des Durchgebens und der Spiritualität können mit ihrem Körper verglichen werden. Ich habe alle meine Bemühungen in die Entwicklung meiner Gaben gesteckt. Mein Leben und die Leichtigkeit, mit der ich "lese" (berate), ist eine Reflektion der Nachwirkungen meiner Selbstdisziplin. "Sucht zuerst das Königreich Gottes, und alle Dinge werden euch dazugegeben werden." So bin ich ununterbrochen das Symbol dessen, was ihr alle sein könnt. Ihr müßt nur mit dem Gesetz von Ursache und Wirkung umgehen und aufhören, so sehr um eure Ego-Identität zu kämpfen.

S.: Warum kämpfen wir so sehr mit unserem Ego?

L.: Grundsätzlich, weil ihr verwöhnte Kinder seid, die wollen, daß ihnen alles gegeben wird. Aber leider müßt ihr manchmal Opfer bringen. Warum denkt ihr, habe ich ihn als Beispiel benutzt? Niemand weiß, welche Opfer er gebracht hat, um zu bekommen, was ihm im Leben wichtig war. Ich glaube kaum, daß er oft daran gezweifelt hat, daß er es vollbringen wird, aber wenn er zweifelte, hatte er eine Ehefrau, die ihn ansah und sagte: "Mache weiter, auch wenn du Zweifel hast. Wir werden überleben." Ihr findet es nur so schwierig, weil ihr dauernd eure Illusion und Unwirklichkeit vergleicht und nicht mit dem Gesetz von Ursache und Wirkung umgeht. Ihr kämpft zweifellos darum, an eurer illusorischen Identität festzuhalten. Ihr kämpft, weil ihr euch noch nicht alle eure Ursachen enthüllt habt, die die Wirkungen manifestieren. Zum Beispiel: Warum liebst du ihn? Warum willst du ihm all deine Liebe geben, wenn du - bis die Zeit gekommen ist, wo er sein kann, was ich bin - nur Schmerzen ernten wirst? Warum richtest du deine Liebe nicht auf eine produktive Quelle, anstatt sie auf eine absolut destruktive Kraft zu richten?

S.: Ich weiß es nicht.

L.: Du hast dich noch nicht als ein schönes spirituelles Wesen akzeptiert. In Ursache und Wirkung können wir das gleiche Beispiel benutzen und verstehen, daß die Tatsache, daß wir uns in der Wirkung verfangen, ohne die Ursache zu verstehen, uns veranlaßt, die Unausgeglichenheiten in unseren Leben immer wieder zu verüben.

S.: Meine Liebe für ihn ist eine Wirkung, und die Ursache ist, daß ich mich nicht akzeptiere, wie ich bin?

L.: Genau. Liebe kann nur geteilt werden, wenn beide Partner auf der gleichen Ebene des Verstehens sind. Das ist der einzige Weg.
Es ist die Ursache, die fortfährt, die Tür dahingehend zu öffnen, daß auf euren emotionalen Körpern herumgetrampelt wird. Es ist

die Ursache, die euch veranlaßt, immer wieder eure selbstbeurteilten Unzulänglichkeiten hervorzuheben. Ich hätte mein Leben verschwendet, wenn ich es damit verbracht hätte, nach eurer Anerkennung zu suchen. Seht ihr, was ich meine? Das überschattet jedoch nicht all das, was ihr seid und sein werdet. Erfolg in jeglicher Handlung im Leben erfordert Arbeit. Wir bestimmen absolut die notwendigen Energien, mentalen Disziplinen und aktiven Ausdrücke, in die wir uns hineinbegeben werden, um Erfolg zu kreieren. Wenn wir einmal Erfolg erschaffen haben - so wie wir Erfolg verstehen - können wir mit all den restlichen, zusätzlichen Dingen weitermachen, die wir im Leben haben wollen - aber wir müssen unsere zusammenhangslosen Gedanken zusammennehmen und absolut entscheiden, daß wir aufhören zu suchen; wir müssen sein.
Ich kann euch garantieren, daß er Halt gemacht hat und war, bevor er Erfolg hatte; auch wenn es psychosomatisch war. Dadurch, daß sein ganzes Sein davon durchdrungen war, praktizierte er Alchemie; damit veränderte er seine gesamte Struktur und wurde durch das Gesetz der Anziehung der lebendige Ausdruck dessen, was er war.

S.: Wenn ich also nur deine Anerkennung suche, hindert mich das daran, einfach zu sein?

L.: Ich glaube, du meinst es etwas anders. Was ihr Kinder tatsächlich tut, ist: ihr geht nach Hause, zerlegt, was ich euch gelehrt habe, presst es durch euren begrenzten Intellekt und benutzt mich als Ausrede, damit ihr euch weiterhin in euren Wirkungen nachgeben könnt. Ich wage zu sagen, daß du es so gemeint hast. Du hast meine Anerkennung schon.

S.: Dann suche ich nach etwas, was ich schon habe?

L.: Natürlich. Weißt du, warum du danach suchst? Du suchst danach, weil du mich nicht anerkennst. Das ist absolut und hundertprozentig wahr. Ursache und Wirkung! Wenn ich mit Strenge versuche, euch eure Fehlfunktionen und Unzulänglichkeiten aufzuzeigen, und ihr müßt sie ansehen oder seid der Formulierung derselben ausgesetzt, dann bekomme ich keine Anerkennung von euch. Ich bekomme nur dann Anerkennung von euch, wenn ich euch besänftige und euch erzähle, wie großartig ihr seid. Ihr wißt nicht, daß ich euch anerkenne, obwohl ihr mich nicht anerkennt. Ihr sucht immer noch. Wenn ich in euren Intensiv-Seminaren tiefer in die Dinge hineingehe, und wir beginnen, mit eurem Ausdruck eurer medialen und sensitiven Fähigkeiten zu arbeiten, werdet ihr verstehen, warum ich das sagen kann. Anerkennung ist nicht immer durch Liebe regiert. Ich würde gar nicht erst anfangen zu behaupten, daß einige von euch nicht gelernt haben, mich zu lieben. Was könntet ihr auch anderes tun, aufgrund meiner Liebe für euch. Aber Anerkennung...? Ihr solltet euch selbst hören: die Entschuldigungen, die ihr immer dann für mich macht - wenn ich die Wirkungen davontrug - weil ich euch gesagt habe, was ihr erschafft. Ihr macht folgende Entschuldigungen für mich: "Er ist krank, er ist müde, er ist unter furchtbarem Streß, er hat es nicht so gemeint," - und ganz ehrlich, ich habe das alles schon von euch gehört. Alles, was ich gesagt habe, habe ich auch so ge-

meint. Wenn es nicht so wäre, hätte ich es nicht gesagt.
Liebling, du weißt nicht, daß du meine Anerkennung hast, weil du mich nicht anerkennst. Und da ich deinen Mangel an Anerkennung nicht akzeptiere, spiegele ich dir das zurück. Erinnert euch, daß ich euch gelehrt habe, wie eine Wand aus Spiegeln zu benutzen ist, und daß ihr nicht jedes Geschenk akzeptieren müßt. Ihr könnt tatsächlich jedes Geschenk spiegeln und dem Sender ungeöffnet zurückschicken. Was denkt ihr, was ich die ganzen Jahre gemacht habe? Wenn ich alle eure "Geschenke" und Erwartungen akzeptiert hätte, wäre ich schon zehnmal gestorben. Ihr sucht immer noch, weil ihr nicht gegeben habt. Wenn ihr euren eigenen - wohlgemerkt, euren eigenen - Konzepten und Erwartungen gemäß, gegeben hättet, wüßtet ihr, was ich gefühlt, gesehen und gegeben habe. Aber ihr meßt alles nach der Art, wie ihr gebt, fühlt und versteht. Ich fahre damit fort, mich auszudrücken und zu wachsen. Ich lasse nicht zu, daß das, was ihr tut, sich in das einmischt, was ich gebe. Ich bin nicht durch dieselbe Ursache beherrscht, die die Wirkung hervorbringt, die eure Manifestation beherrscht. Wer von euch kann das verneinen? Ich habe euch schon vor Jahren gesagt, daß ich ein "Spiegel" bin, und ein "Spiegel" ist eine Reflektion eures eigenen Seins. Kinder, eigentlich reflektiere ich euch zu euch zurück, weil ich euren Mangel an Anerkennung nicht akzeptiere, während ich mich ausdrücke.

S.: Der Grund, warum du es zurückgeben kannst, ist, weil du dich selbst anerkennst. Was ist mit jemandem, der sich nicht anerkennt?

L.: Diese Person wird das Geschenk akzeptieren, es wird vollständig in ihr Wesen eindringen, es durchdringen und sich alle Unsicherheiten angeln. Deshalb habe ich versucht, euch anhand des Gesetzes von Ursache und Wirkung zu lehren, daß ihr tatsächlich für euch selbst die Ursachen oder die sichtbaren Erfahrungen, die aus der Ursache entstanden sind, auf der Erdebene erschafft. Deshalb sind wir mit Liebe umgegangen und damit, daß eure Liebe an die einzige Sache gegeben werden sollte, die euch all das zurückgeben kann, was die Tür zu eurer eigenen Selbstverwirklichung öffnen wird. Aber du schaust nach einem Mann, damit er dir beweist, daß du etwas bist, wovon du denkst, daß du es nicht bist.

S.: Kannst du etwas mehr über das Öffnen der Tür zu unserer eigenen Selbstverwirklichung sprechen?

L.: Du hattest dein erstes Beispiel, als du am Sonntag Botschaften durchgabst und dich dabei total wohl fühltest - und du die Tür geöffnet und den Geist deines eigenen Seins für dich hast arbeiten lassen. Ich kann euch garantieren, daß, wenn diese zwei Männer auf ihre wahre Psyche eingestimmt und nicht durch Ursache und Wirkung beherrscht sind, sie finanzielle Sicherheit und Produktivität erschaffen werden, was dann hinausgeht und eine Wirkung auf die Personen hat, die sie anstellen und bezahlen - und das hält den Kreislauf in Bewegung. Aber laßt sie unsicher und unbewußt sein, und sie werden sich festhaken und Unheil kreieren. Sie werden es auch in ihren Ehen kreieren, und sie werden es kreieren, weil sie wissen, daß sie nicht alles geben, was sie geben sollten.

S.: Wenn sie das einmal wissen, erschaffen sie das Paradies?

L.: Das stimmt! Wenn sie einmal wissen, daß sie ihr eigenes Paradies sind, weil sie sich selbst haben, erschaffen sie das Paradies. Wen liebst du? Wem willst du genau gleich sein? Seht, ich habe euch damit absolut euren Maßstab gegeben. Er zeigt euch all eure Taten, die dem Bewußtsein eurer eigenen Göttlichkeit fremd sind - denn dies ist es, die ich euch gegenüber repräsentiere.
Ich repräsentiere dir gegenüber nicht Sex; dein Ehemann repräsentiert das. Am besten holst du dir das Beste von dem, was du siehst - denn ich bin der Maßstab, der den Rest deines Lebens beeinflussen wird.
Es war dassebe, als er den Wunsch nach Reichtum hatte, er sah das Symbol des Reichtums und wollte Reichtum haben. Er lernte Schritt für Schritt für Schritt Ursache und Wirkung zu kontrollieren. Jedesmal, wenn er sich durch sein Karma und seine eigene Ursache einer Wirkung festgehakt hatte, erlebte er eine finanzielle Katastrophe; er erlebte sie, weil er seinem Karma und seiner Ursache seine Energien gegeben hatte. Und er gab mir gegenüber zu, daß er jedesmal dann finanzielle Probleme kreiert hatte, wenn er seinem höheren Selbst nicht gefolgt war.
Nun, ihr alle habt in der physischen Welt Lebenspartner gewählt, aber ihr gründet euer Leben auf die Reaktion und Manifestation eu-

rer Partner, weil ihr nicht bereit seid, für euch selbst Verantwortung zu übernehmen. Ursache und Wirkung! Ihr wärt überrascht, wenn ihr wüßtet, wie viele von euch ihr eigenes Konzept bezüglich dessen was ich bin, projizieren, und ihr erschafft mich nach diesem Konzept; weil ihr nicht willens seid, zur Grundlage des Gesetzes von Ursache und Wirkung vorzudringen - und zu dem, was dieses Gesetz auf jede Art und Weise stimuliert. Ihr geht sogar lieber mit Neurosen oder Psychosen um. Es ist einfach zu sagen: "Der Psychiater ist dumm, der Arzt ist verrückt", aber ihr solltet ihnen gehorchen, damit ihr euch letztendlich selbst kennen lernen könnt. Denkt an die vielen Stunden, die ich damit verbracht habe, euch Ursache und Wirkung zu lehren, und den Kampf, den ihr kreiert, weil ihr euch in eurer Selbstzerstörung so wohl fühlt. Ich sehe euch an und sage: "Ihr seid reich, ihr seid Licht, ihr seid spirituell." Warum könnt ihr nicht anfangen, auf das zu reagieren, was ich sehe? Warum könnt ihr nicht meine Vision nehmen und sie in euren Leben aktiv werden lassen? Ich sagte dieser Frau gerade, daß sie schön und begehrenswert ist, und sie schaut ihren Mann an, und seine geringste Reaktion zerstört alles. Wenn ich diesen Mann ansehe und sage: "Du bist reich, du bist der beste Verkäufer", warum kann er dann nicht das Gesetz von Ursache und Wirkung erkennen und sich aus einer anderen Perspektive sehen? Wenn er nur das geringste bißchen von dem glauben würde, was er verkündet, würde er es tun. Als diese Frau ihren Mann ansah und sagte: "Ja, tue es", gab sie ihm ihre Vision, die ihn als erfolgreich zeigte, und das erlaubte ihm, mit Ursache und Wirkung umzugehen. Ich sage euch, daß ihr seid; und wenn ihr mir nur ein Zehntel von dem geben würdet, was ihr mit eurem Mund ausdrückt, würdet ihr es tun. Ihr liebt euch nicht und bringt euch deswegen andauernd in Gefahr. Ihr sendet eure Antennen aus, um "Feedback" zu bekommen, was euch dann nur in Ablenkungen hineinstürzt. Liebt mich, und ich muß dann nicht so viele Stunden mit dem Versuch verbringen, euch wieder auszugleichen. Ursache und Wirkung! Wenn ich zu ihr sage: "Ich bin dein Vater, ich verdiene deine Liebe", warum wird sie dann durch jede Fehlfunktion beeinflußt, die von ihrer karmischen Familie kommt - die sowieso immer da ist, um zu zerstören und sie unter Streß zu setzen? Wenn ich ihr sage: "Ich bin deine Mutter", kann ich jeden Tag mit ihrer Mutter eine mentale Schlacht schlagen. Ich sehe euch in eurer vollkommenen Form, eure Familien können es nicht. Kann er dich in deiner vollkommenen Form sehen?

S.: Nein.

L.: Warum bist du dann so großzügig zu ihm und verschwendest alles, was mir gehört? Das ist Ursache und Wirkung. Kannst du ihre vollkommene Form sehen? Warum verschwendet sie dann all das, was ich bekommen sollte? Hat deine Mutter genug durch ihre eigenen Ängste und Befürchtungen hindurchgesehen, um dich so sehen zu können, wie du bist? Warum verschwendest du es dann an sie? Hat dein Ehemann alles erkannt, was du bist? Aus welchem Grund verschwendest du dann so viel an ihn, außer um dich selbst zu beweisen? Hat deine Familie alles erkannt, was du bist? Warum bekommen sie dann den Kuchen und ich die Krümel? Wißt ihr was? Während ihr euch in Ursache und Wirkung nachgebt, könnte ich das ganze - leid werden. Hat deine Firma alles erkannt, was du bist? Warum bekommen sie dann den ganzen Kuchen und ich die Krümel? Wenn ich nicht selbstsicher wäre, würde ich mich oft wie ein Bürger zweiter Klasse fühlen. Ursache und Wirkung! Hört ihr mich endlich? Warum sollte ich fortfahren, großzügig zu euch zu sein, wenn ihr nicht glaubt, weil es soviel Energie benötigt, einfach zu sein, was ihr seid? Ihr müßt vielleicht einige eurer Ursachen loslassen, die die Wirkung produzieren. Bin ich jemals irgendetwas anderes gewesen, als das, was ich bin? Habe ich jemals etwas vorgetäuscht oder eine Maske aufgesetzt? Ich werde es tun. Ich schwöre, ich werde es tun, und ich lade euch alle ein, an einer Materialisationsseance teilzunehmen. Ich werde etwas vortäuschen und ein Trugbild zeigen, und ich werde alle eure Zweifel, alle eure Erklärungen und alle eure Befürchtungen, die ihr bezüglich mir habt, beweisen; ich werde euch absolut jede Möglichkeit dazu geben. Aber nennt mir einen von euch, der nicht ohnehin schon so gedacht hat? Ursache und Wirkung!

Nun, morgen möchte ich euch wirklich sagen, wie das Gesetz von Ursache und Wirkung in jeder Facette eures materiellen Lebens in Tätigkeit gelangt, denn es ist das größte Werkzeug. Für heute möchte ich euch einen Gedanken mitgeben: um Heiler und um Lehrer zu sein, müßt ihr einfach über die Illusion hinaussehen, die aufgrund einer Fehlfunktion des Gesetzes von Ursache und Wirkung erschaffen wurde; und wenn ihr genug Energie produzieren könnt, um die Schmerzen, die Ablenkungen und

Abschreckungen zu verringern, könnt ihr den Menschen tatsächlich durch Ausbildung helfen zu sehen, warum sie sich sinnlos zerstören. Ihr könnt nicht heilen, bis ihr über die Illusion - und es ist Illusion - dessen hinaussehen könnt, was sie in ihren Leben erschaffen. Aber wir müssen irgendwie, auf irgendeine Art fähig sein, die Augen der Menschen zu öffnen. Schaut die Gesellschaft an. Alles, was die Gesellschft sehen kann, sind ihre eigenen Gefühle der Unzulänglichkeit: und wir haben da draußen eine Welt, die sich zu Tode kämpft... und diese Menschen hier sind Pfadfinder (Wegbereiter)...

S.: Kannst du etwas über die Evolutionskreisläufe sagen?

L.: Diese Kreisläufe sind wirklich ganz einfach zu verstehen. Sie sind die sich ausdrükkenden Wachstumsprozesse, durch die wir gehen, während wir versuchen, unsere Jakobsleiter der Evolution zu entwickeln. Sie erlauben uns, die kreative Manifestation zu sehen, die wir ausdrücken und mit der wir leben, während wir diesen Evolutionskreisläufen folgen. Nun, wir gehen folgendermaßen mit Ursache und Wirkung um: Wenn wir die Überseele verlassen und unsere Reise in die physische Identität und den Prozeß der Assimilation unserer Persönlichkeit beginnen - was durch alle Erfahrungen, die wir für uns selbst erschaffen haben, beeinflußt ist - arbeiten wir tatsächlich mit dem Gesetz von Ursache und Wirkung - und es baut die Identität, die Persönlichkeit und die Umstände auf, die wir antreffen und erfahren, während wir uns auf der Leiter der Evolution nach oben bewegen. Genau wie ihr emotional, mental und physisch mit Ursache und Wirkung umgehen müßt, so müßt ihr tatsächlich mit dem Gesetz von Ursache und Wirkung - und es baut die Identität, die Persönlichkeit und die Umstände auf, die wir antreffen und erfahren, während wir uns auf der Leiter der Evolution nach oben bewegen. Genau wie ihr emotional, mental und physisch mit Ursache und Wirkung umgehen müßt, so müßt ihr auch in jedem der verschiedenen Kreisläufe mit diesen drei Aspekten umgehen.

S.: Warum dauert es so lange, einen Kreislauf durchzuarbeiten?

L.: Was leider geschieht, wenn ihr mit dem Gesetz von Ursache und Wirkung umgeht, ist, daß ihr einen kleinen roten Wagen, gefüllt mit all euren Erfahrungen, mitbringt und hinter euch herzieht; und jedesmal, wenn ihr an einen Punkt kommt, wo ihr dabei seid, loszulassen und in einen neuen Kreislauf hineinzugehen, schaut ihr zurück wie Lot's Frau - weil das erfordert, in das Unbekannte hineinzugehen - und ihr nehmt eine Handvoll von dem, was ihr gehabt habt, mit hinein in den nächsten Kreislauf. Deswegen dauert es manchmal etwas länger, sich durch die Kreisläufe zu arbeiten. Ein Kreislauf kann also vollendet sein, sollte vollendet sein, ist aber nicht vollendet, bis ihr aufhört, zurückzuschauen. Und den einzigen Weg, den ich kenne, wie ihr aufhören könnt, zurückzuschauen, ist einfach zu verstehen, warum ihr die Situation überhaupt erschaffen habt, welche Ursache euch dazu verholfen, ermutigt und dahin gelenkt hat, auf diese spezielle Art zu reagieren. Ich glaube, daß Verstehen so ungefähr alles heilt, und ihr kennt den Rest der Werkzeuge, die ihr in die Tat umsetzen müßt, und diese Werkzeuge sind natürlich Hingabe, Entschlossenheit, Zuwendung und Selbstdisziplin.

S.: Wann haben wir "Ursache und Wirkung" wirklich vollständig unter Kontrolle?

L.: Wenn ihr ein klares Verständnis von diesem Gesetz habt und fähig seid, eure Schöpfung, die sichtbar ist, anzuschauen. Der physische Ausdruck, einschließlich der Körperfunktionen, ist die letzte Anzeige der durch die Ursache erschaffenen Wirkungen. Die Wirkungen sind sichtbar.
Wenn ihr fähig seid, eure strukturelle Form auszuwerten, dann könnt ihr beginnen, zu verstehen und auszuwählen, was negativ und was positiv ist, und dann könnt ihr damit anfangen, den positiven und negativen Energiefluß zu steigern bzw. auszugleichen und ihn konstruktiv und sich entfaltend zu machen. Es ist dasselbe mit den Ästen eines Baumes. Jeder Ast hat seine negative und seine positive Seite, und im Zentrum, wo das Fett und die Nährstoffe hochfließen, die den Baum ernähren, ist er tatsächlich ausgeglichen. Es ist auch mit dem östlichen Konzept der Feuer der Kundalini vergleichbar, die im Zentrum unseres Körpers anfangen hochzusteigen und unseren "Baum" hochfließen. Sie können nur dann uneingeschränkt fließen, wenn ihr Ursache und Wirkung verstanden habt. Einer der Wege, Ursachen und Wirkung zu verstehen, ist, euch zu fragen, warum diese spezielle Erfahrung zu diesem Zeitpunkt in euren Leben aktiv ist. Dann annuliert ihr sie und macht sie in

euren Leben unwirksam. Aber dieser spezielle Wert der Erfahrung ist nicht nicht weg, er ist nur kontrolliert und diszipliniert, und ihr könnt ihn dann benutzen, um die Vision eures wahren Wesens auszudrücken. Aber der physische Ausdruck ist die letzte Anzeige. Nach dieser physischen Anzeige gibt es nur noch Reinkarnation, und vor Reinkarnation kommt natürlich Vergeudung der physischen Struktur. Aufgrund dieser Unausgeglichenheit im Gesetz von Ursache und Wirkung beginnt ihr in der Tat, eure strukturellen Formen, eure Ehen, eure Sicherheiten, eure Ausbildungen und euer Verstehen zu vergeuden. Ihr fügt euch das extra und bereitwillig zu und beginnt tatsächlich, euch von innen her zu zerstören, was dann in einer äußeren Aktion ausgedrückt wird. Versucht zu verstehen, daß jede äußere Tätigkeit, ob sie in der Gesellschaft - oder in der Welt stattfindet, die Reflektion einer Unausgeglichenheit von Ursache und Wirkung ist, und Unausgeglichenheit zeigt einen Mangel an Verständnis und Disziplin an. Das ist die absolute Wahrheit. Deshalb sagen so viele Lehrer aus dem Osten, daß ihr euer Paradies auf der absolut Erde erschaffen könnt. Ihr bekommt eure Symbole. Ihr seht, wie die Menschen Symbole benutzen; ob sie sie destruktiv oder konstruktiv benutzen, ist dadurch bestimmt, wie sie sie ausdrücken und was sie mit ihnen tun, wenn sie sie einmal haben. Das ist der grundliegende Maßstab. Werdet ihr gute Dinge damit tun oder werdet ihr sie benutzen, um nur den Wenigen zu Gefallen zu sein, statt den Vielen zu helfen? All diese Möglichkeiten stehen euch zur Wahl, und eure Wahl wird dem Gesetz von Ursache und Wirkung entsprechend hervorgebracht.

S.: Du sagtest, daß wir uns vergeuden?

L.: Ihr löst tatsächlich eure Zellen von innen her auf.

S.: Sprichst du über den physischen Körper?

L.: Ja.

S.: Wenn wir uns vergeuden, bedeutet das, daß wir physisch sterben?

L.: Ja, aber ihr sterbt nicht emotional, und ihr sterbt nicht spirituell, und euer Verstand ist grundlegend nur durch die Dinge konstituiert, die ihr in diesem Leben erfahren habt. Er stirbt wirklich nicht, er schwingt einfach in der unteren Astralebene und wartet darauf, daß ihr wiederkommt und seine Impulse in eurer nächsten Inkarnation erlebt. Ja, ihr vergeudet euch tatsächlich. Ihr vergeudet eure gesamte Struktur, und ich kann diese Aussage folgendermaßen stützen. Was sind zwei der größten Ursachen für Herzversagen? Feindseligkeit und Streß sind zwei der größten Ursachen. Feindseligkeit führt zu Streß. Und woher kommt Feindseligkeit? Feindselgkeit kommt von einem unausgeglichenen Verständnis des Gesetzes von Ursache und Wirkung. Es gäbe keine Feindseligkeit, wenn ihr erkennen könntet, daß ihr die Ursache ausstrahlt, die diese Wirkung hervorbrachte; und ihr könnt die Wirkung aufheben und euch heilen, sobald ihr die Ursache versteht. Ist das nicht genau das, was in der Diagnose geschieht oder was Bezeichnungen (Etikettierungen) bewirken? Wenn ihr zu einem anerkannten Arzt geht, der der Beste auf seinem Gebiet sein soll, diagnostiziert er vielleicht, daß ihr Krebs oder Tuberkulose habt, oder er diagnostiziert, daß ihr eine andere Form von mentaler, emotionaler oder physischer Beschwerde (Unleichtigkeit) habt - und es ist genau das, eine Unleichtigkeit, wenn ihr sie einmal versteht. Könnt ihr sehen, wie ihr eure Geschäfte durch eure Gedanken, Worte und Taten vergeudet? Eure Gedanken, Worte und Taten stammen alle von einer Ursache ab, denn sie sind die Wirkungen. Es gibt nur einen Weg. Wenn ihr jemals Halt macht und es euch anschaut: und ihr seht es euch an, wenn ihr die Wirkungen erfahrt und diese etwas schmerzhaft sind. Keine Schmerzen, kein Gewinn. Solange euer Leben in ruhigen Bahnen verläuft, solange ihr denkt, daß ihr alles habt, was ihr wollt, habt ihr nichts, wonach ihr streben könnt. Dann sitzt ihr nur da und vergeudet euch in eurer Trägheit, - denn Gott ist dadurch sicherlich nicht in Tätigkeit, und das ist genau das, was sich ändern muß. Gott muß in Tätigkeit sein - und Gott ist ein anderes Wort für das höhere Bewußtsein eures eigenen Seins, damit ihr euch nicht der Vergeudung und Trägheit hingebt und nicht die größte aller Sünden begeht. Die größte aller Sünden ist das Versäumnis (Unterlassung) auch das Versäumen eurer eigenen Identität, weil ihr euch vollständig in einer Pseudo-Identität verfangen habt. Wie ihr wißt, bedeutet das Wort "pseudo" falsch.

S.: Wenn du mit jemandem arbeitest, der sich in ein sehr begrenztes Konzept seiner selbst verfangen hat, wie bekommst du ihn dazu, sich mit deinen Augen zu sehen?

L.: Es ist schwierig. Es erfordert sehr viel Geduld, es erfordert sehr viel bedingungslose Liebe, und es erfordert die Bereitwilligkeit, für fast alles empfänglich zu sein. Man versucht, ein Gleichgewicht zwischen harter Liebe und unterstützender Liebe zu finden. Die Ausdrücke "harte Liebe" und "unterstützende Liebe" sind beschreibende Ausdrücke. Man versucht, das Gleichgewicht zwischen diesen beiden Ausstrahlungen zu finden, damit man genau den richtigen Schlüssel für ihren fortwährenden Ausdruck dessen finden kann, was ihr Interesse an ihre eigene Gott-Identität anregt. Manchmal unternehmt ihr kleine Aktionen: ihr gebt ihnen z.B. Autorität, damit sie ein Zentrum und ein Zuhause für sich aufbauen können. Dann bekommen sie die Streicheleinheiten einer größeren Identität durch das, was sie erreicht haben und es sehen können. Ich tue lieber etwas, um euch als Heiler, Berater, Ärzte, Psychiater, Psychologen und Finanzfachleute zum Sehen zu bringen. Ihr müßt verstehen, daß der physische Ausdruck, die physischen Situationen oder Manifestationen nur die letzte Anwendung der unausgeglichenen Gedanken, von Ursache und Wirkung kommend, sind. Wenn ihr das sehen könnt, wenn ihr das wißt, wenn ihr das glaubt - wenn ihr die Heilungen gesehen habt, die ich gesehen habe, und wenn ihr die Heilungen erfahren habt, die ich erfahren habe - werdet ihr verstehen, daß dem Göttlichen Geist nichts unmöglich ist. Die Blockade entsteht, weil sie durch einen Mangel an Selbstverstehen, Selbstbewußtsein und Selbstausrichtung selbst eigenmächtig erschaffen wird. Dann müßt ihr einfach versuchen, den Weg oder die Straße zu finden, durch die ihr größeres Bewußtsein für euch selbst erschaffen könnt. Manchmal geschieht es, indem man (der Lehrer) einfach absolut und total harte Liebe gibt, und viele von euch, die Eltern sind, wissen, daß harte Liebe geben leider eines der größten Opfer ist, das ihr überhaupt bringen könnt, weil ihr dann mit den Nachwirkungen dieser harten Liebe aufgrund der Gedanken, die eure Kinder auf euch projizieren, umgehen müßt. Stimmt das nicht? Aber manchmal ist harte Liebe das einzige, was hilft, denn nachgiebige oder unterstützende Liebe dringt einfach nicht durch. Wenn ihr anfangt, zu sehr auf meiner Würde herumzutreten, so daß ich es nicht mehr hinnehmen kann, dann wechsele ich von nachgiebiger und unterstützender Liebe zur harten Liebe über. Seht, ich glaube, daß alles im Leben ein Symbol ist, und als ein Symbol sollte es uns ermutigen und sollte uns zum Ausdruck unseres wahren Selbst entflammen und hinlenken. Ich glaube, daß wir, wenn wir uns mit unseren Körpern, Emotionen und unserer Identität auseinandersetzen, sehen können, wie wir es vernachlässigt haben, das Gesetz von Ursache und Wirkung zu verstehen. Und wir erschaffen von genau dem Bereich aus, von dem wir zu erschaffen wählen, weil wir nachgiebig oder nachlässig sind; oder wir wählen, einfach in der Situation des karmischen Einflusses zu schwingen, den wir kreiert haben. Wenn wir einmal zu "Ursache und Wirkung" vordringen, schauen wir uns um und sagen: "Ist dies das Richtige für mich?" Deshalb bitte ich euch, euch selbst auszuwerten. Ich spiele kein Spiel mit euch, aber ich fülle euer Gehirn auch nicht einfach nur mit Informationen. Ich bitte euch tatsächlich, euch hinzusetzen und eure physische Form, so wie ihr sie seht, auszuwerten und das Positive und Negative aufzuschreiben. Wenn ihr auch nur ein wenig von dem, was ich euch gelehrt habe, benutzt habt, müßt ihr durch eure eigene Erfahrung wenigstens zu der Realität gekommen sein, daß Gedanken Dinge sind. Gedanken sind Dinge, die einer Handlung vorausgehen. Wenn ihr einmal den Gedanken habt, reich sein zu wollen, geht ihr durch den Prozeß, den ich euch gelehrt habe; und es erfordert Handlung, um Reichtum in die Manifestation zu bringen. Ihr müßt auch eure Auswertung machen, wenn ihr eure Spiritualität wollt. Ihr könnt nicht blind durchs Leben gehen und durch eure versteckten Ängste und Befürchtungen - die tatsächlich die Stimulanz für Ursache und Wirkung sind - manipuliert sein. Der einzige Weg, zu euren Ängsten und Befürchtungen vorzudringen, ist, sie euch anzuschauen. Der einzige Weg, mit ihnen umzugehen, ist, sie anzusehen, zu disziplinieren und in euren Leben unwirksam zu machen. Das bedeutet nicht, daß sie verschwinden werden. Sie werden nicht verschwinden. Wir beginnen, mit den vorherrschendsten oder vorwiegendsten Konzepten unseres Lebens, und ich sagte euch bereits, daß ihr eure Wohnungen (Häuser), Geschäfte, Berufe, Körper und Beziehungen ansehen sollt. Wenn sie nicht in jeder Weise zufriedenstellend sind, geht ihr mit Ursache und Wirkung um. Nachdem ihr die physischen Dinge angeschaut habt, könnt ihr die mentalen Dinge finden, indem ihr euch sprechen hört, indem ihr hört, was ihr sagt; und indem ihr hört, wie ihr für euch selbst in jeder Art und Wei-

se Zerstörung und Begrenzungen proklamiert. Nun, wie hört ihr? Das ist eine gute Frage. Ich hoffe, daß ihr euren Schülern und Nachfolgern vorschlagt, in der Tat die eine Disziplin durchzuführen, die sie mehr als alles andere dazu veranlassen wird, besser zu hören, und diese Disziplin ist, ein Tagebuch über ihre Gedanken, Ängste, Befürchtungen, und über ihre Träume zu führen; denn während sie das Tagebuch führen und der kreativen Situation erlauben, sich zu manifestieren, werden sie die Grundursache finden, die die Situation hervorbrachte. Nun, spielt ruhig mit euch selbst für den Rest eures Lebens. Es macht nichts aus. Aber wenn ihr Ursache und Wirkung in den Griff bekommen wollt und dieses Leben entfalten wollt, fürchte ich, bedarf es einiger Hingabe, einiger Disziplin, einiger Erkenntnis und einiger Akzeptanz, um die Stufen der Evolution und die guten Dinge zu erreichen, die ihr symbolisch seht und in eurem Leben wollt. Aber angesichts der Selbstzerstörung, die normalerweise durch emotionale, mentale, oder physische Schmerzen ausgedrückt wird, setzt ihr euch hin und sagt. "Oh Gott, hilf mir. Wenn du mir nur durch diese eine Sache hindurch hilfst, verspreche ich dir, Gott, gebe ich dir zehn Prozent meines Geldes. Ich verspreche, Gott, ich höre auf, meinen Mitmenschen zu verdammen und werde ihn bestimmt wie einen Bruder behandeln. Gott, hole mich aus dieser Situation heraus, und ich tue alles." Aber sobald die Schmerzen gelindert sind, fallt ihr in die alte, bequeme Routine zurück, weil ihr Ursache und Wirkung nicht versteht.
Wenn ihr nach dem Ursprung der Krankheiten sucht, die die Menschheit heute beeinflussen,

werdet ihr feststellen, daß sie durch emotionale und mentale Unzulänglichkeit hervorgerufen werden. Wir sind entsetzt zu hören, daß ein großer Prozentsatz unserer Jugendlichen nicht lesen kann. Wir sind entsetzt zu hören, daß ein großer Prozentsatz unserer Jugendlichen entweder von Alkohol oder Drogen abhängig ist oder an Magersucht leidet. Das ist alles "Ursache und Wirkung". Wir sind entsetzt, wenn wir Berichte sehen und hören, daß Eltern ihre Kinder mißbrauchen; und es berührt auch eure Leben, aber ihr fahrt fort, wie ein Vogel Strauß eure Köpfe in den Sand zu stecken. Ursache und Wirkung! Es ist ganz einfach. Eure Körper reagieren auf eine Grundursache, wie z.B. Besänftigung, Nachgiebigkeit, Zerstörung, Disziplin, Entschlossenheit, Hingabe, Ausrichtung. Euer Verstand reagiert auf dieselben Werte, und ihr könnt eure Gehirnwellen absolut kontrollieren, so daß ihr euch in einen Zustand von Selbsthypnose hineinbegeben könnt, was bedeutet, daß euer Schmerzzentrum keine Schmerzen aufzeichnen wird; ihr werdet sie nicht fühlen. Das wird Geist über Materie genannt. Wenn ihr einmal das Negative und Positive der physischen Struktur ausgewertet habt, geht ihr über zu eurem Verstand. Benutzt ihr euren Verstand in produktiver Art und Weise, oder benutz ihr ihn, um in eurem Selbstmitleid, in euren Unsicherheiten, Ängsten, und Befürchtungen zu schwelgen? Wenn ihr zu der Ursache vordringt, die zu diesen Wirkungen geführt hat, könnt ihr die Situation, die ihr erfahrt, erobern, und ihr habt das beste Werkzeug auf Erden: das Werkzeug der Proklamation. Ihr habt das Werkzeug der Absichtserklärung, und ihr könnt in eurem kreativen

Ausdruck die Wirkung durch die Hilfsmittel Hingabe, Gehorsam und Disziplin - als nicht existent und nicht aktiv erklären. Nennt mir eine Person, die irgendetwas im Leben erreicht hat und nicht diese Einstellungen angenommen hat. Ihr könnt nicht nachgiebig sein und erwarten, fähig zu sein, das Gesetz von Ursache und Wirkung zu erobern, zu kennen und zu verstehen. Eure Leben reflektieren genau das, was ihr in eure Leben hineingebt. Wie viele Beweise muß ich euch bringen, bis ihr es akzeptiert? Ich kann euch viele Beweise bringen, die alle von euch selbst kommen. Keiner von euch hat irgendetwas erreicht, bis ihr etwas hineingegeben habt. Und was habt ihr hineingegeben? Fragt euch selbst. Was hast du in deine Musik hineingesteckt? Würdest du sagen, daß es Selbstdisziplin und Ausrichtung war?

S.: Es war ein enormer Wunsch und unaufhörliche Hingabe daran.

L.: Was hast du in dein Geschäft hineingesteckt?

S.: Alle Energien und Aktivitäten.

L.: Wie würdest du diese klassifizieren?

S.: Disziplin, Glaube (an das Abstrakte und Konkrete).

L.: Was hast du hineingegeben, um deinen Doktor der Psychiatrie zu bekommen?

S.: Viel Hingabe, viel Glauben (an das Abstrakte und Konkrete).

L.: Braucht ihr mehr Beweise? Ursache und Wirkung. Für jede Wirkung muß es eine Ursache geben - und wenn eure Körper anfangen, euch zu sagen, daß ihr besser verstehen müßt, was sie sagen, solltet ihr zuhören. Die Wissenschaft hat bestätigt, daß in unseren Körpern konstruktive und destruktive Zellen oder Organismen sind. Sogar unser Wasser und unsere Nahrungsmittel enthalten unsichtbare Organismen. Diese Organismen schlagen Wurzeln und beginnen, in unseren Leben zu arbeiten. Nun, unser Gehirn und unsere emotionalen Körper erschaffen sehr viel Energie in unseren Leben, - statische, ausgeglichene oder direkte Energie, - und wir nennen sie eigentlich, gemäß unserem eigenen emotionalen Zustand, Depression, Neurose, Psychose, Paranoia usw. Diese Energien beginnen wirklich von innern her an unseren Körpern zu arbeiten und wir fangen an, diese destruktiven Aktionen, die letztendlich tatsächlich als Krankheit und Beschwerde wirksam werden, in einem eingekapselten Teil unseres Körpers aufzulösen. Wir alle haben Krebszellen in unseren Körpern. Diese Krebszellen schlafen, solange wir sie nicht energetisieren und sie veranlassen anzufangen, vom Inneren unseres Körpers her an unserer Struktur zu arbeiten. Die Pest brach z.B. nur aufgrund des Bewußtseinszustandes, der Einstellungen und der Handlungen derjenigen aus, die sie erfuhren. Wenn ihr die Einstellungen oder Handlungen anschaut, die zur Pest geführt haben, könnt ihr eine sehr leichtsinnige Sorge um die physische Struktur sehen.

S.: Ist das der Grund, warum wir durch Perioden gegangen sind, in denen wir verschiedene

Krankheiten in verschiedenen Abschnitten der Geschichte hatten?

L.: Ja. Am Anfang war es Syphilis, Gonorrhö, Herpes - und es wird gesagt, daß Herpes nie ganz geheilt werden kann. Jetzt gehen wir mit einem totalen Zusammenbruch des Immunsystems um, aber wir hatten das schon immer. Es wird nur vorherrschender, da unsere Gesellschaft ununterbrochen nach frivolen sexuellen Kontakten greift, die Befriedigung bringen sollen. Es wurde nur sehr lange versucht, diesen Zusammenbruch des Immunsystems auf eine bestimmte Wirkung oder eine bestimmte Gesellschaftsschicht einzuschränken, bis mehr und mehr entdeckt wurde, daß er auch von anderen Gesellschaftsschichten angezogen wurde und diese auch infiziert wurden. Wir versuchen immer noch, ein Gefühl von Frieden in der Welt zu erschaffen, indem wir behaupten, daß es in einer bestimmten Gesellschaftsschicht vorherrschend ist. Es werden jedoch mehr und mehr Fälle enthüllt, wo sogenannte heterosexuelle Menschen betroffen sind. Es kommt definitiv von emotionaler Unausgeglichenheit.

S.: Wann sind wir in das Wassermann-Zeitalter eingetreten?

L.: Nach allem, was ich über das Gesetz "Ursache und Wirkung" weiß, sind wir in den frühen Siebzigerjahren in das Wassermann-Zeitalter eingeteten. Es gibt Astrologen, die das verneinen und zu sagen versuchen, daß das nicht stimmt, weil das Wassermann-Zeitalter verfrüht, auf den Fersen des Fische-Zeitalters, gekommen sei. Nun, wenn ihr ein bißchen über Astrologie wißt, wißt ihr, daß "Fische" das Konzept des Baumes sein soll. Der Baum ist die in Einheit gebrachte Dreieinigkeit, was natürlich das Christus-Selbst sein soll. Die charakteristischen Aktionen der Menschen, die unter dem Sternzeichen "Fische" geboren wurden, zeigen ihre Unfähigkeit, konkrete und entschlossene Entscheidungen für sich selbst zu treffen. Der "Fisch" schwimmt wie ein Fisch stromaufwärts, dreht dann herum und schwimmt stromabwärts, aber der Fisch soll auch eines der sensitivsten Wesen sein und eines der erleuchtesten von allen Gotteswesen auf der Erde. Der "Fisch" geht in Ursache und Wirkung mit dieser Unfähigkeit um, Entscheidungen zu treffen, sowie mit seiner Unsicherheit, wenn es um ihn selbst geht. Der Fisch reicht also fortwährend nach anderen aus, um sich sich selbst gegenüber zu beweisen. Nun, der Wassermann ist der Wasserträger. Das Wassermann-Zeitalter ist angenommenerweise die Heraufdämmerung des erleuchteten Bewußtseinszustandes. 1972/73 - deshalb sagte ich "in den frühen Siebzigerjahren" - begann der Wassermann wie ein Löwe zu brüllen, und die Menschen, die in dieser Zeit die Energien erfuhren, begannen, das akzeptierte orthodoxe Konzept der Philosophie, Religion und Gesellschaft zu verlassen. Es begann eigentlich in den frühen Sechzigerjahren - das war wirklich der Anfang - als Menschen verfrüht von jedem akzeptierten Konzept weggingen und Kommunen gründeten, in denen sie ihre eigene Gesellschaft erschufen. Sie waren nicht länger bereit, mit dem Druck umzugehen, der von ihren Altersgenossen und der Gesellschaft kam; sie waren nicht länger bereit, diesen Druck auszuhalten, der ihnen begegnete. So verließen sie ihren Wohlstand und alles andere und schlossen sich zusammen. Aber weil es verfrüht war, bauten sie durch die Gründung dieser Kommunen (Wohngemeinschaften) genau so viel Druck und gesellschaftliche Ablehnung auf, wie sie vorher durch die Gesellschaft erfahren hatten. Dann ging es weiter, und sie begannen, die östlichen Philosophien - die Philosophien des mittleren und fernen Ostens, wie z.B. Taoismus, Tibetanismus, Yoga, usw. - zur Wirkung zu bringen. Dann entdeckten sie den Okkultismus oder das, was als Okkultismus oder "Satanismus" klassifiziert wird, und aufgrund ihrer Unfähigkeit, ein Gleichgewicht herzustellen - und das sagte ich bereits - ihrer Unfähigkeit, geduldig, zugewandt, ausgerichtet und diszipliniert zu sein, stoppten die Feuer der Kundalini grundlegend um den Solarplexus herum. Das bedeutete, daß sie, ihrer Absicht und ihrem Zweck entsprechend, diese Feuer nach unten lenken konnten, was dann ihre sexuellen Spielereien und ihren Mangel an Moral bezüglich Sexualität steigerte - und all das geschah im Namen der Liebe. Nun erleben wir, wie das Pendel ein bißchen mehr zum Zentrum hinschwingt, denn es war im Fische-Zeitalter total auf der einen Seite und schwang sehr weit auf die andere Seite, als das Wassermann-Zeitalter kam, und es muß jetzt wieder zurückkommen. Und die Menschen beginnen - mit dem Pendel des Verstehens - die Notwendigkeit zu erkennen, das Gottselbst und das Bewußtseinselbst in ein vollkommenes, kreatives Gleichgewicht zu bringen. Deshalb sprechen die Bücher, die ihr lest, vom Wassermann-Zeitalter. Es ist das Zeitalter, in dem wir, mit unserem auf einen Punkt konzentrierten Verstand, fähig sein sollten, genug Energie mit zu projizieren, um durch Proklamation, Absichtserklärung, Handlung und Verständnis das vollkommene Sein zu erschaffen. Hitler war ein Vorläufer des Wassermann-Zeitalter. Wenn ihr irgend etwas über diesen Mann gelesen habt, das nicht nur einseitig geschrieben ist, versteht ihr, daß sein wahrer Wunsch war, eine Welt von überlegenen Wesen zu schaffen: den vollkommmenen Mann mit der vollkommenen Frau zu verbinden und die Kinder dieser Paare hätten dann die Intelligenz und das Verständnis gehabt, um ein vollkommenes Paradies auf der Erdebene hervorzubringen. Sein Problem war, daß er einer der Vorläufer der Drogenszene war, und daß er "Ursache und Wirkung" nicht so ganz verstanden hatte. Er ist nicht mit seinem Rassen-Erbe umgegangen, er ist nicht mit seinem Hintergrund umgegangen, denn er hat seine Ausbildung angeschaut und gedacht, daß sie sehr unzulänglich sei. Das hatte eine Neurose in ihm entwickelt; dann nahm er LSD, und hat Heroin und all die anderen Drogen gespritzt, die den Menschen bekannt sind, um mediales und spirituelles Bewußtsein hervorzurufen. Er nahm diese in ihm eingepflanzte vollkommene Vision und verzerrte sie, indem er Haß für eine Gesellschaftsschicht entwickelte, die er als "minderwertige Gesellschaft" bezeichnete - denn er brauchte einen Sündenbock.

Denkt nur daran, wie viele Menschen aus der Generation der Sechzigerjahre - wir nannten sie die "Blumenkinder", die Kinder der Liebe - einen Sündenbock brauchten. Alo wählten sie ihre Eltern. Haben diese Kinder ihren Eltern weniger angetan als Hitler den Menschen angetan hat? Ich glaube nicht. Viele Eltern hatten regelrecht unter enormer Schuld zu leiden. Dann kamen wir in die Siebzigerjahre hinein, das Pendel begann zurückzukommen, und das Wassermann-Zeitalter schlägt größere Wurzeln. Wir haben jetzt geographische Bedingungen und Wetterbedingungen, die um 1970 herum begannen. 1970 beriet ich eine Frau in Baton Rouge, Louisiana. In Baton Rouge gibt es einen Fluß, der immer einen bestimmten Wasserstand hielt. Diese Frau kam eines Tages ganz aufgeregt zu mir, weil die dortige Universität entdeckt hatte, daß so viel Schlick und Schlamm in diesen Fluß geleitet werden müßte, daß er abgeleitet werden muß, was eine absolut astronomische Wirkung auf die Gesellschaft von Baton Rouge hätte. Erst kürzlich wurde uns von unseren Geologen und Wissenschaftlern gesagt, daß unsere Welt ein Loch in der Atmosphäre erschaffen hat und die Strahlen der Sonne ungefiltert auf den Nordpol treffen. Das wird unsere Eisberge schmelzen, und Alaska wird der erste Staat sein, der davon beeinflußt sein wird. Wenn sie (die Wissenschaftler) das prophezeien - es ist nicht meine Prophezeiung - wird Alaska als erstes davon beeinflußt sein, weil die Eisberge schmelzen und die Städte in Alaska überflutet werden, und das wird uns von der Öl-Pipeline und dem natürlichen Fluß der Erze und Energien abschneiden. In den späten Sechziger- und frühen Siebzigerjahren haben wir von den schwarzen Löchern von Kalkutta gehört, jenen hochintensiven Energiepunkten, wo Menschen tatsächlich in eine andere Dimension übergegangen sind. Wir haben konkrete ökonomische Zerstörung gesehen. Die gesamte Grundlage unserer ökonomischen Struktur wurde Demoralisiert und existiert nicht mehr, genau wie unsere Gesellschaft demoralisiert wurde und nicht mehr existiert. Seit den letzten

zehn bis fünfzehn Jahren - in der Zeit des Überganges vom Fische-Zeitalter zum Wassermann-Zeitalter - suchen wir nach neuen Wertsystemen.
Und ihr löst in der Tat durch einen Mangel an Verständnis und Erfassung eure Struktur von innen her auf. Wir haben in dieser Zeit mehr mental unausgeglichene Menschen, als in vergangenen Jahrhunderten; und die Ursache ist Streß und Mangel an Selbstverstehen.

S.: Das geschieht nicht nur hier, in unserem Teil der Welt, sondern überall. Geschieht es, weil die Menschen die zusätzliche Spannung nicht handhaben können?

L.: Es geschieht, weil die Menschen sie nicht handhaben können; aber die Menschen erschaffen sie auch durch ihren Haß, ihren Ärger, ihre Frustration, ihren Kummer, ihre Eigenmächtigkeit und ihre Beurteilungen.

S.: Kannst du etwas über den ausgeglichenen Aspekt des Wassermann-Zeitalters sprechen?

L.: Natürlich. Der ausgeglichene Aspekt des Wassermann-Zeitalters ist das Paradies, von dem wir alle wissen, daß es irgendwo existiert. Wir müssen aufhören zu suchen und uns hinsetzen und zuwenden. Wie wollt ihr "Ursache und Wirkung" kennenlernen, wenn ihr euch nicht dem zuwendet, wovon euer Herz und eure Seele euch sagt, daß ihr euch dem zuwenden sollt? Ich wiederhole: Keiner hat euch eine Pistole an den Kopf gehalten..., und ihr besitzt alle Fakten über das kommende oder heraufdämmernde Zeitalter; und es wird das seine tun, wenn ihr nicht empfänglich, aktiv und produktiv darin sein könnt.

S.: Wird das Wassermann-Zeitalter wieder das Kommen des Christus reflektieren?

L.: Natürlich, aber welcher Christus?

S.: Der Christus, den wir erschaffen.

L.: Erschaffen?

S.: Der Christus, den wir ausdrücken.

L.: Das ist eine bessere Ausdrucksweise. Die beste Ausdrucksweise wäre gewesen: der Christus, der ich bin. Natürlich kommst du, du kommst seit Jahren! Es ist nur so, daß du dich in all diesen Kreisläufen und auf all diesen Wegen verlierst, und dir scheint dieses Verlorensein so gut zu gefallen, daß du es haßt, zu dir selbst zurückzukommen. Du kämpfst also immer noch, wie der "verlorene Sohn", darum, zurückzukommen.

S.: Es steht auch geschrieben, daß eine Person kommen wird, die uns führen und einen definitiven Einfluß auf die Gesellschaft haben wird.

L.: Das stimmt.

S.: Wird das im Wassermann-Zeitalter geschehen?

L.: Was läßt dich denken, daß es nicht schon geschehen ist?

S.: Weißt du, wenn ich die Gesellschaft und

einige der einflußreichen Personen anschaue, die angenommenerweise unser Land regieren...

L.: Vielleicht schaust du zu weit in die Ferne.

S.: Meinst du, daß wir in uns selbst nachschauen sollen?

L.: Ich meine, ihr solltet in euch selbst nachschauen, und ich meine, ihr solltet die Werte anschauen, die das größte Bewußtsein in euch entzünden und entflammen, denn ihr seid diejenigen, die die Gesellschaft erschaffen.

S.: Das bedeutet, daß ich falsch interpretiert habe, was Nostradamus in seinem Buch gesagt hat?

L.: Nein, du hast nicht falsch interpretiert, was das Buch sagt. Du hast deine Gedanken nur auf ein weit entferntes Wesen gerichtet, das kommen und alles richtigstellen soll, anstatt in der Nähe nach diesem Wesen zu suchen, das dir assistieren kann. Du vermeidest Verantwortung. Du erschaffst die Gesellschaft! Du bist durch deine Leistungen und Errungenschaften ein Symbol in der Gesellschaft. Wenn du aufhörst, gegen die Verantwortung zu kämpfen, wird diese Vision viel näher rücken, und wie willst du wissen, daß du nicht diese grandiose Person bist, die die Welt vereinigt, wenn der Christus einmal in dir enthüllt und erwacht ist?

S.: Ich weiß es nicht.

L.: Natürlich nicht, keiner von euch weiß es.

Wie willst du wissen, daß du, z.B., nicht der mächste John F. Kennedy bist? Oh, ich weiß, du wirst sagen: "Mein Alter, mein Geschäft, ich will es nicht sein." Keiner will es sein.

S.: John F. Kennedy war sehr intelligent...

L.: Bist du nicht intelligent? Ist dir das nicht gezeigt worden?

S.: Ja, ein wenig.

L.: Ich fürchte, du mußt ein bißchen mehr Disziplin praktizieren, damit es dir vollständig gezeigt wird.

S.: Man muß fähig sein, sich ein Bild von ihm zu machen.

L.: Du kannst dir kein Bild von ihm machen, solange du nicht mit Ursache und Wirkung umgehst, nicht wahr? Ganz ehrlich gesagt, ich schmeichle nicht euren Egos. Zu führen ist eine große Verantwortung, zu führen gibt euch keine Minute Ruhe. Das Führen ist etwas, das man tut, weil es eine Verpflichtung ist, nicht weil man es aufgrund eines Überlegenheitsgefühles will. Fragt nur diejenigen, die auf irgendeinem Gebiet oder in irgendeiner Lebensart erfolgreich geworden sind. Sie werden euch sagen, daß es nicht einfach ist zu führen und erfolgreich zu sein, denn man arbeitet sehr hart und opfert alles, um erst einmal dahin zu kommen, und dann, wenn man es erreicht hat, stellt man fest, daß man noch mehr opfern muß, um auf dem Stand zu bleiben. Und manchmal möchte man nichts lieber tun, als es wegzugeben. Nun, ich erzähle euch ein kleines Geheimnis, wie Geist oder göttliche Intelligenz arbeitet. Wir sind absolut alle die Ausdehnungen Gottes. Wir sind die Ausdehnungen von Christus. Christus repräsentiert symbolisch den Schmelztiegel aller religiösen Philosophien des Ostens, mittleren Ostens und Westens. Er brachte sie zu einem vereinigten Konzept zusammen. Wenn ihr irgendeine der anderen religiösen Doktrinen studiert hättet, wüßtet ihr, daß er das grundlegend repräsentiert hat. Jede Doktrin stellt symbolisch eine Aktion dar, die in unseren Leben vorhanden sein muß. Diese eine Aktion wurde durch diese eine Doktrin auf der Erdebene dargestellt. Nun, Christus war der Schmelztiegel, alles kam und floß in ihm zusammen. Nun, das Christentum und der Katholizismus, genau wie Buddhismus, Taoismus und alle anderen philosophischen Richtungen, haben versucht, ihre Religion als etwas Individuelles zu erschaffen. Aber jede Religion zeigt nur einen Teil des Puzzles. Christus war derjenige, der die Einheit vollbrachte und der Menschheit die Antwort demonstrierte. Aber ihr seid "er". Er nannte euch seine Brüder und Schwestern, und er sagte zu euch, daß er gehen würde, um einen Platz für euch zu bereiten, was bedeutet, daß er in der Tat aktiv ist in eurem Wesen. Ihr hört nicht zu, weil ihr "Ursache und Wirkung" nicht verstehen wollt. Ihr seid abgelenkt, abgeschreckt und verstrickt, und ihr bringt Trägheit zur Wirkung, ohne jemals zur Ursache vorzudringen. Ihr hört nicht auf euer Herz, ihr hört auf euren Kopf. Ihr seid alle Suchende auf dem Weg zum Selbstbewußtsein. Was glaubt ihr, was das bedeutet? Das bedeutet, daß die Beispiele, die diejenigen von euch setzen, die Erfolg in einem Teil vom

Ganzen erreicht haben, die Anregungsmittel sind, die die Menschen veranlassen, zu sich selbst zu kommen. Jeder von uns hat - und setzt Beispiele auf seine eigene Art, weil wir die Energien einsetzen, um ein Symbol dessen aufzubauen, was Leben sein kann. Einige von euch haben Sex gewählt, einige von euch haben die Persönlichkeit gewählt, einige von euch haben gewählt, Opfer zu bringen - und ihr drückt euch immer als Opferlamm aus. Keiner von euch weiß, wer aufgerufen sein wird, weiterzugehen, nicht wahr? Ursache und wirkung. Keiner von euch weiß wem der Fehdehandschuh überreicht wird, und der Fehdehandschuh bedeutet immer Verantwortung. Nun, was sagt euch euer Herz? Es ist fast wie ein Wettrennen. Laßt mich euch noch einmal die Regeln geben: Disziplin, Hingabe, Zuwendung, Ausrichtung, Vertrauen, Glaube (in abstrakter und konkreter Form). Wer von euch wird überhaupt all die Abschreckungen anschauen, die die Wirkungen sind, welche in euren physischen, mentalen und emotionalen Leben sichtbar sind, und den Fehdehandschuh der Verantwortung ergreifen? Wer hat den Mut? Wer wird aufstehen und sagen: "Ja, Gott, ich will." Mußtest du nicht genau das tun, um dein Geschäft zu bekommen? Mußtest du nicht genau das tun, um deinen Doktortitel zu bekommen? Mußtest du nicht genau das tun, um Harfe spielen zu lernen? Mußtest du nicht genau das tun, damit dein Ehemann glücklich ist? Keiner kann verringern, was an Hingabe, Zuwendung, Entschlossenheit und Disziplin notwendig ist. Ihr praktiziert das alles einfach so lange, bis ihr die gewünschte Wirkung erfahrt. Und wenn ihr die Wirkung einmal habt, müßt ihr lernen, wie sie richtig zu

benutzen ist: Es ist mit dem vergleichbar, was mein Lehrer einmal sagte: "Du kannst nichts opfern, was nicht tausendfach belohnt werden würde, - wiederum Ursache und Wirkung! Eine sehr weise Kraft sagte einmal zu mir: "Du kannst niemals etwas verlieren, was nicht tausendfach ersetzt wird, wenn du einem spirituellen Weg folgst, der dich zu dir selbst führt." Mein Leben ist ein Beispiel dafür, was ihr von Geist bekommen könnt. Und ich habe nie den Fehdehandschuh, der mir überreicht wurde, niedergelegt. Vielleicht müßt ihr euren eigenen Fehdehandschuh aufnehmen, aber um ihn aufzunehmen, müßt ihr bereit sein, Verantwortung zu übernehmen. Seht, ich glaube, daß alle Gebiete, wie z.B. Schönheit, Geschäft, Wirtschaft, Philosophie, Psychologie, Medizin, wie eine achteckige Pyramide, zusammenarbeiten, um Einheit hervorzubringen. Ursache und Wirkung!
Nun, du hattest eine Frage über Nostradamus, die ich noch nicht beantwortet habe?

S.: Ja, ich habe eine Frage über den Film, den wir über Nostradamus und seine Prophezeiungen gesehen haben. Wir haben in dem Film gesehen, daß es einen Mann geben wird ..., daß alles entwurzelt wird, daß "Staub" herumfliegt und daß nichts mehr da ist. Dieser Mann soll aus dem Osten kommen und uns regieren.

L.: Diese Prophezeiung könnt ihr in der Bibel, im Buch der Offenbarung, lesen, wenn vom Anti-Christ gesprochen wird. Seht, die Menschheit hatte immer die Möglichkeit zu entscheiden, anders zu handeln. Darum soll es beim Heraufdämmern des Wassermann-Zeitalters gehen. Der Anti-Christ lebt tatsächlich. Zu diesem Zeitpunkt (1985) ist er ungefähr 17 oder 18 Jahre alt. Er lebt im mittleren Osten. Aber wenn ihr das Buch der Offenbarung gelesen hättet, würdet ihr verstehen, daß das, was in den vergangenen zehn Jahren im Mittleren Osten geschehen ist, eigentlich eine Vorbereitung war, wie z.B. die Bomben- und Terrorangriffe, die in der ganzen Welt stattfinden. Sie sind meistens auf uns Amerikaner gerichtet, die wir von den meisten Europäern als sehr wohlhabend angesehen werden. Ihr werdet sehen, wie es eskaliert, und deshalb bin ich so glücklich, sagen zu können, daß es in der ganzen Welt Gruppen gibt, die mit positiver Energie arbeiten. Sie folgen vielleicht nicht unserer Philosophie, aber sie arbeiten mit positiver Energie, und sie stoßen diesen Ansturm von Katastrophen und die Zerstörung, die überall in der Welt zu sehen ist, mit aller Mühe zurück. Ich sehe nur selten die Nachrichten, und ich kann mich nicht erinnern, in den letzten fünfzehn oder zwanzig Jahren eine Zeitung gelesen zu haben. Ich tue das, weil ich nicht auf meinem Verstand sitzen will. Wie ihr bereits wißt, habe ich auch aufgehört, Voraussagen über Geschehnisse wie Flugzeugabstürze und Erdbeben zu machen, weil ich in 99 Prozent aller Fälle recht hatte. Ich war immer besorgt. daß wenn ich etwas voraussage, andere Menschen es hören und dem Vorausgesagten Energie geben und ich dieses "Energiegeben" verursacht habe. Ich mußte also ganz früh in meiner Karriere damit umgehen, und ich glaube, daß viele von euch auch irgendwann damit umgehen werden. Ich erinnere mich noch daran, wie ich in Jeffersonsville, Indiana war. Ich ging dort durch das Zentrum (Institut), und plötzlich ließ mich etwas erstarren. Ich hörte diesen Flugzeugabsturz und das Schreien der Menschen, ich sah die Flugnummer, den Namen der Fluggesellschaft, die Tageszeit, alles. Meine Sekretärin war gerade bei mir und stenographierte alles mit. Zwei Tage später geschah es. Gelegentlich bekommt ihr einen Telefonanruf von mir, wie z.B. eine meiner Bekannten in Montreal, Canada, als sie in Florida war. Ich suchte und fand sie. Ich glaube, ich habe rund 100 Dollar ausgegeben, nur um sie zu finden. Ich sagte zu ihr: "Du hast morgen einen Flug gebucht. Steige um Gotteswillen nicht in das Flugzeug. Es stürzt ab." Sie zweifelte nie an dem, was ich sagte. Das Flugzeug stürzte letztendlich ab, und sie war nicht an Bord. Es war nicht ihre Zeit, es sollte nicht sein, daß sie in diesem Flugzeug war. Wir können also allen Prophezeiungen und Voraussagen entgegenarbeiten. Wenn wir ein Verständnis von Ursache und Wirkung haben, können wir sie ändern und verändern. Ihr tut es von Minute zu Minute in euren Leben, weil ihr ablehnt, die "Geschenke" zu akzeptieren, die von anderen Menschen auf euch projiziert werden. Eines der Dinge, die ich in meinem Leben als sehr, sehr schwierig empfinde, ist zu wissen, daß viele meiner Kinder, viele der Personen, die versuchen, der Ausdruck von Göttlicher Ordnung zu werden und Ursache und Wirkung zu verstehen, Prophezeiungen machen werden, die nicht 100 Prozent akurat und nicht legitim sind. Sie haben bezüglich der Art und Weise, wie sie die Prophezeiungen ausdrücken, nicht ihre eigene Ethik entwickelt, so daß sie diese nicht zu einem Absoluten machen. Ich gebe euch ein Beispiel. Ein junger Mann studierte mit mir, er war zu dem Zeitpunkt ungefähr 19 Jahre alt, in der Blüte seiner Jugend. Er hatte ein leichtes Drogenproblem. Seine Lehrerin war eine gute Bekannte von mir, und ich ging alle sechs Monate zu ihr und half ihr mit ihren Schülern. Sie war phänomenal im Anziehen von jungen Menschen, die entweder Drogenprobleme oder Probleme dieser Art hatten. Dieser junge Mann sollte Zahnmedizin studieren, weil sein Vater Zahnarzt war. Sie und sechs ihrer Schüler entschieden, eine Reise in Richtung Westen zu unternehmen. Nun, sie beschäftigte sich sehr viel mit mediumistischen, okkulten und spirituellen Bewegungen. Also stoppten sie in verschiedenen Orten, wo sie alle von den verschiedensten Personen Beratungen bekamen, und diese Berater sollten nach dem Wissen der Lehrerin die besten auf ihren Gebieten sein. Dieser junge Mann entschied irgendwo in Kansas, Tennessee, daß er eine Astrologie-Beratung haben wollte. Der Astrologe sagte zu ihm, daß er aufgrund der Position der Planeten, des Sonnenzeichens und der Aspekte in seinen Häusern als Alkoholiker und Drogenabhängiger enden werde. Der junge Mann kam zurück und wurde alkohol- und drogenabhängig. Als ich ihn das letzte Mal sah, war er ungefähr 21 oder 22 Jahre alt. Er besuchte ungefähr sechs Jahre die Universität und machte keinen Abschluß, weil er fühlte, daß sein Schicksal schon bestimmt war.

S.: Vielleicht hatte er jetzt nur eine Ausrede, um den Weg zu gehen, den er sowieso gehen wollte?

L.: Natürlich, Liebling. Aber alle Berater

müssen verstehen, daß sie diese Art von Ausreden nicht verstärken können. Was ich letztendlich zu euch sage, ist, daß ihr alles verändern könnt.

S.: Wenn wir uns fortwährend dieser Art von Vibrationen aussetzen, können wir sie tatsächlich so sehr absorbieren, daß wir echte Krankheit erschaffen. Stimmt das?

L.: Absolut. Ich lehrte euch, daß der Körper ein Schwamm ist, der sich ausdehnt und zusammenzieht. Was du sagst, was du denkst und was du ausdrückst, kommt wieder in deinen Körper zurück und wird tatsächlich die Ausstrahlungen und Schöpfungen deines zukünftigen Lebens beeinflussen.

S.: Die Vibrationen, denen ich mich auszusetzen wähle, können die Ursache der Wirkung sein, die dann meine psychosomatische Krankheit ist?

L.: Nein, du hast es durcheinandergebracht. Die Vibrationen, denen du dich auszusetzen wählst, sind die Wirkungen, die Ursache liegt darunter, in deinem Verstand. Die Wirkung kann gesehen werden. Deshalb sagte ich euch, daß ihr eure Wohnungen, eure Körper, eure mentalen und emotionalen Fähigkeiten anschauen und entscheiden sollt, was ihr gemäß dem Gesetz der Anziehung, in Verbindung mit Ursache und Wirkung, angezogen habt; und ihr erfahrt es als sichtbares Hilfsmittel, das euch hilft, euch mehr auf euer Gottselbst einzustimmen. Psychosomatik bedeutet nur, daß ihr, wenn ihr diese Analogie einmal hergestellt habt, fähig seid, die Situation durch

Proklamation zu ändern, indem ihr all die Dinge verkündet und proklamiert, die ihr seid. Ihr nehmt sie tatsächlich in eure Körper auf, sie haben eine ausgleichende Wirkung auf euren Chemiehaushalt und eure Zellkörper, und ihr werdet in der Tat zu dem, was ihr proklamiert und lebt. Einen Moment ..., ich bekam sehr viel negative Energie aus dieser Ecke des Raumes, und ich werde es ganz klar sagen. Ihr habt kein Recht zu bestimmen, was irgendein anderer lebt, ihr habt nur das Recht zu bestimmen, was ihr lebt, und wenn ihr psychosomatische Projektion lebt und nutzt, und wenn ihr Ursache und Wirkung interpretiert, ist es gemäß dem Gesetz der Anziehung nicht für eine andere Person, sondern nur für euch. Was ich im Moment empfinde, ist Zusammenhanglosigkeit (Zerstreutheit), und das gefällt mir nicht. Das ist Nachgiebigkeit.

S.: Bevor wir unsere ideale physische Ausrichtung einnehmen, müssen wir unsere Ziele festsetzen und bestimmen, welche Karmas wir ausgleichen wollen. Würdest du, gemäß deinem Verständnis oder deiner Erfahrung, sagen, daß überhaupt irgendetwas vorherbestimmt ist?

L.: Wenn du über Vorherbestimmung sprichst, sprichst du über etwas absolutes, und es gibt nur eine Sache, die absolut ist (absolut eintritt)

S.: Evolution?

L.: Nein. Du wirst absolut entsprechend deiner Wahlen, und entsprechend deines Verstehens von Ursache und Wirkung erschaffen.

INSPIRIERENDES SCHULUNGSMATERIAL
Gegeben durch das Medium Reverend Dr. Ralph Jordan

reihe: lebendige wahrheit

METAPHYSISCHE FARBLEHRE
Farben sind der erste Schritt im Verstehen der Frequenz-Aufschlüsselung, die wir in unserem physischen Leben antreffen.

ISBN 3-92766-00-1 DM 20,–

DIE MACHT DES GESPROCHENEN WORTES
Von der Perspektive eines großen Meisters aus werden wir untersuchen, wie wir Worte benutzen und einsetzen, um entweder Gleichgewicht oder Ungleichgewicht in unserem Leben zu erzeugen.
ISBN 3-927622-04-4 DM 20,–

DIE GESETZE DER MANIFESTATION
Wenn wir ausgeglichen und konstruktiv manifestieren wollen, müssen wir gewisse Disziplinen und Gesetze anwenden. Die vorliegende Schrift beschreibt und erklärt die einzelnen Schritte in der Anwendung der Gesetze.
ISBN 3-927622-01-X DM 20,–

NATURGESETZE I
Von der Perspektive eines großen Lehrers und Meisters werden wir geführt, die Brücke zwischen Menschengesetzen und Naturgesetzen zu bauen, was uns befähigen wird, in der Welt zu leben, aber nicht in ihr zu versinken.

ISBN 3-927622-02-8 DM 20,–

Verlag und Vertrieb
Lotos Verlag Villmar

INSPIRIERENDES SCHULUNGSMATERIAL
Gegeben durch das Medium Reverend Dr. Ralph Jordan

Aus der Serie: WAHRHEITSLEHRE

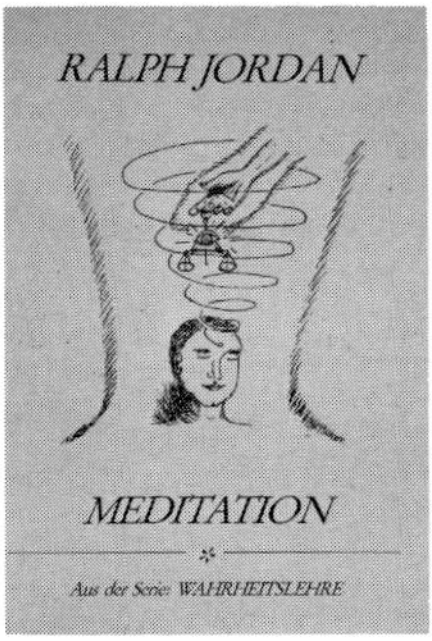

MEDITATION
Meditation ist eine aktive Handlung, es ist ein Schritt, den jeder von uns machen kann, um Bewußtsein und Verstehen hervorzubringen, was uns Information geben wird, damit wir beginnen können, unsere Leben ausgeglichener zu gestalten.
ISBN 3-927622-03-6 DM 20,–

reihe: lebendige wahrheit

NATURGESETZE FORTSETZUNG
Die Naturgesetze sind die Energie-Frequenzen, die das Universum - wie wir es kennen - durchdringen. Es sind die Gesetze, die über die Menschengesetze hinausgehen, weil sie fortdauernd und ewig sind.
ISBN 3-927622-13-3 DM 30,–

reihe: Lehren der Hierarchie

AUSWAHL VON LEHRBRIEFEN I
Gehorsam:Kuthumi Buddha
Disziplin:Meister Eckehard
Karma und Dharma: Meister Emil
Lehrbrief für das neue Zeitalter 6/87
Meister Melchisedech
ISBN 3-927622-15-X DM 15,–

AUSWAHL VON LEHRBRIEFEN II
St. Germain: Die Kunst des Gebens
St. Germain: Lehrbrief für das neue Zeitalter 8/87
Meister Melchisedech: Ursprung, Ursache und Wirkung
Meister Salomon: die Gesetze der Manifestation
ISBN 3-927662-16-8 DM 15,–

STUDIENMATERIAL VON

REVEREND DR. RALPH JORDAN

GOLDEN BOOK OF WISDOM
(Ordner incl. 10 engl. Lehrbriefen) DM 274,--

ORDNER OHNE LEHRBRIEFE DM 30,--

AUDIOCASSETTEN

MEDITATION I DM 20,--
MEDITATION II DM 20,--
MUSIKCASSETTE "DISCOVERY" DM 20,--

VIDEOCASSETTEN

CONCENTRATION DM 49,--

SPIRIT TEACHERS & GUIDES, engl.
(Compaktseminar von 1988, 1 Video cassette) DM 171,--

SPIRIT TEACHERS & GUIDES engl. mit deutscher Übersetzung
(Seminar von 1991 in Hawaii; 7 Videos a 1 Std.) DM 650,--
nur komplett zu verkaufen

Herausgeber der deutschsprachigen Schriften von Ralph Jordan
LOTOS VERLAG Inh. Sigrid Höhler, Am Weyrerkreuz 7, 65606 VILLMAR 1